CB058468

BRILHA COMO VIDA

MARIA GRAZIA CALANDRONE

TRADUÇÃO

Patricia Peterle e Andrea Santurbano

Te acompanho com palavras,

porque com palavras nasci de você.

SUMÁRIO

17. Mãe, me coloque entre eles
29. Mãe é ciumenta
33. Você não terá outro Pai
65. Nós duas
97. 1976, no verão seguinte
113. Inferno
141. Externo, *deboche*
145. Nada como a vida (o Colégio de Freiras)
161. Os anos oitenta arruinaram o mundo
193. Para onde vamos todos
216. Ela que parece sonhada
219. *Brilha, a vida*

221. Nota
222. Sobre a autora

Sabato 10 luglio 1965 — PAESE SERA

**LA MADRE LA LASCIO'
E POI SI UCCISE**

Ora non è più «abbandonata»

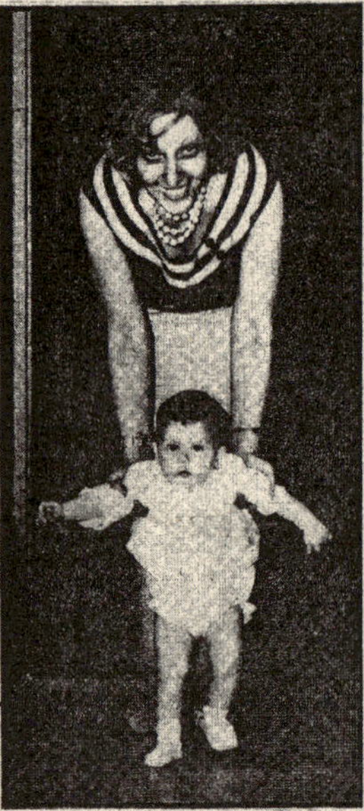

Maria Grazia, la bambina abbandonata in un prato a Villa Borghese e rimasta orfana, è stata affidata ieri a una famiglia romana: i signori Ione e Giacomo Calandrone hanno preso in consegna la piccina al brefotrofio di Villa Pamphili e se la sono portata a casa, felici. La piccina nacque da una relazione illecita: la madre, Lucia Galante Greco, si è uccisa; il suo corpo è stato ripescato nel Tavere. Forse il padre ha fatto la stessa fine. Molte persone si erano offerte di adottare la piccina, rimasta sola al mondo: la direzione dell'istituto che l'aveva accolta ha deciso per i signori Calandrone, i quali l'hanno portata a casa, dove le hanno fatto trovare una culla, un passeggino, vestitini, un corredo, e montagne di giocattoli. NELLA FOTO: Maria Grazia con la nuova madre, la professoressa Ione Calandrone, entra nella sua nuova casa.

A mãe a deixou e depois se matou. Agora não está mais "abandonada". Maria Grazia, a menina abandonada num gramado de Villa Borghese, que ficou órfã, foi entregue ontem a uma família romana: os senhores Ione e Giacomo Calandrone receberam a pequena no brefotrófio de Villa Pamphili e a levaram para casa, felizes. A pequena nasceu de uma relação ilícita: a mãe, Lucia Galante Greco, se matou; seu corpo foi recuperado no Tibre. O pai talvez tenha tido o mesmo fim. Muitas pessoas se ofereceram para adotar a pequena, que ficou só no mundo: a direção do Instituto que a tinha acolhido decidiu a favor dos senhores Calandrone, os quais a levaram para casa, onde lhe prepararam um berço, um carrinho, roupinhas, um enxoval e uma montanha de brinquedos. NA FOTO: Maria Grazia com a nova mãe, a professora Ione Calandrone, entra em sua nova casa.

Sou filha de Lucia, morena Mamãe biológica, suicida nas águas do Tibre quando eu tinha oito meses e ela já aparecia há vinte e nove anos no teatro humano.

Sou filha de Consolazione, loira Mãe eletiva, por mim fragorosamente decepcionada.

Não parecem premissas favoráveis que possam absolver da constatação de estarmos vivos.

Mas a vida nos ignora, ignora sobretudo os preconceitos e o óbvio. Tudo cicatriza, sem que saibamos. As feridas se abrem e se fecham como valvas no fundo do mar do esquecimento, os episódios submersos lampejam, enquanto a nossa superfície age, compra um casaco de veludo liso cor granada, abastece o tanque.

Enquanto descemos do ônibus com as sacolas do mercado
o mar, embaixo, move seu tamanho gigantesco, manobra as suas alavancas no óleo azul do Tempo.
E nós, no alto, brilhamos.

E as palavras vão embora de nós, sementes espalhadas como constelações no ar transparente da manhã.

As palavras relembram tudo, o que não sabemos que lembramos. Por isso, confiamos a memória a elas. Para depois esquecermos, mais e mais, e rasparmos novamente a cera dos dias.

E as palavras vão embora de nós, da cera impassível dos nossos rostos, e ativam as alavancas submarinas de outros seres humanos, iguais a nós. Que brilham, às vezes, como nós brilhamos. Sem saber disso.

E você, que lê

ria, reverta em riso
a medalha do Inominável!

E me coloque de lado, me coloque entre os
que, para sobreviver, se tornaram sensitivos.
Por causa de um repentino tremor de acomodação das paredes domésticas. Quer dizer, de
uma inércia de proporções colossais.

Depois daquele dia, nada é como antes e o não
amado (ou seja, o não vivo, o *monstrinho*) tem
de farejar o ar, observar as descargas de temporal que se preparam na sombra dos quartos.

O que ele quer, enfim, é continuar a viver.

Debaixo das camas, maximamente. As sombras se acumulam de modo massivo debaixo das camas das crianças não amadas. E um úmido sugar catacumbal, em que cicia a garra vazia do Nada, pronta para entrar em ação e se fechar nas tenras carnes. Um viveiro verminoso.

Se mexer, vão te ver.

Cada um gira nu e só na roda sideral dos expostos, quanto mais nu e só mais encasulado na concreção roçante dos cobertores.

Você largado e só.
Se mexer, vão te ver.

O Desamor envolve as camas das crianças entre as espiras de um choro não choro.

As crianças não amadas não choram.

Quem iriam chamar, com seu choro?

MÃE, ME COLOQUE ENTRE ELES

Caí no Desamor aos quatro anos, quando Mãe revelou Eu não sou a sua Mamãe Verdadeira.

A de Mãe foi uma decisão antecipadora, de amor ansioso: ela tinha lido no jornal a notícia do suicídio (mais um! que curto-circuito na cabeça de Mãe!) de uma garota de dezoito anos que, ao preparar a documentação para o próprio casamento, descobrira ter sido adotada e retirara-se da vida. A garota devia ter sentido sabotadas as raízes de sua própria identidade. O futuro que estava fundando, nela, valia menos que o passado. As pessoas são esquisitas.

Aos quatro anos, eu não estava provavelmente perto de me casar, nem tinha a intenção de pedir nenhuma papelada relativa à minha própria ascendência: o de Mãe foi um es-

crúpulo decididamente precoce, mas sempre compreendi com sincera adesão o conflito que a induziu ao erro.
Nos anos sessenta, os pais procediam segundo a natureza de que dispunham por nascimento, mais raramente por cultura analítica, e agiam como melhor sabiam agir. Na falta de instinto parental ou sagacidade emotiva, não consultavam o timaço de psicólogos que hoje tende a inspecionar e rodear com almofadas de hipóteses e soluções muito bem pagas (talvez somente por isso solicitando aos auscultados a solucionarem suas próprias incertezas) os nossos incômodos domésticos e as oscilações nossas.

Na lenda familiar, transmitida pela própria memória de Mãe, parece que eu reagi à Notícia gigantesca com maturidade exemplar, abraçando-a viva e presente (só ela, como eu podia constatar, tinha um saudável senso prático) e respondendo que Não tem importância, Mamãe é você.
Uma investidura tão correta a ponto de soar inverossímil.
Pensei somente em sobreviver, dizendo a Mãe aquilo que eu imaginava que Mãe qui-

sesse escutar, para que ela não me repudiasse?
Ou pronunciei aquelas palavras por ela, dizendo-as para fazê-la feliz?
Ou então Mãe foi piedosa com ela mesma e lembrou do que teria gostado de escutar, mas que eu não disse?
Ou era tudo verdade, o fato aconteceu assim como foi transcrito pela memória de Mãe e eu a amava tanto que Sua presença ganhava da potência ameaçadora de qualquer Fantasma?

É verdadeira a última hipótese, a amorosa. Posso afirmar isso como se afirma a Pura Verdade, porque já tenho prática com os meus modos interiores e lembro com viva e deslumbrante exatidão a interminada obsessão da minha infância, ao contrário terminada. Obsessão que se espalhou para além do tempo permitido nas provisórias (e por vezes providenciais) fixações infantis: o pavor de que Mãemamãeverdadeira morresse.

Quando Mãemamãeverdadeira pegava no sono, tomada pela sombra, eu controlava com o dedo umedecido sua respiração. Que noites ambíguas! A criança de vigília diante da mãe, vívida e respirante autonomamente.

Lembro de círculos numéricos regenerando-se como fênix e ouroboros, e de repetidos rituais propiciatórios, quando Mãemamãeverdadeira demorava para voltar do trabalho. Professora de Letras. Estávamos tão orgulhosas disso! Um trabalho conquistado bancando, sozinha, a si mesma e a sua própria Mãe, com ciclos de aulas particulares diurnas e sessões de estudo noturno sustentadas por uma máquina de tortura que, como veremos, lhe custará a visão: álcool pulverizado nos olhos e palitos para manter abertas as belas pálpebras, deixadas pesadas pelo sono.

Uma mulher de mil novecentos e dezesseis que, abandonada pelo Pai, ficou responsável por sua Mãe, a Nonna (Arquétipo tutelar que, no futuro remoto, me salvará), e a acolheu na própria casa por toda a vida. De fato, o Arquétipo vivia comigo, ainda não visto, enquanto eu percorria o corredor sem nunca pisar na comissura entre as placas de granilita de mármore, com os ouvidos atentos para interceptar o movimento dos contrapesos do elevador, dessa forma Mãe teria imediatamente voltado.

Aquela vez que Mãemamãeverdadeira adoeceu de uma misteriosa doença, vivi por dias na sua cabeceira, classificando flores e folhas em páginas de papel com furos. Um catálogo de melancolia vegetal. De noite, lia as narrativas do livro *Coração,* que ela tanto amava. Mamãe gosta de se emocionar.

Tenho, portanto, a certeza de que a Notícia da adoção tenha se depositado e derretido em mim como neve. Uma abstração, que não interferia na realidade, muito menos na realidade perturbada e cintilante do meu amor, infantil e por vir.
Mãe, ao contrário, saiu gravemente ferida de sua própria revelação.

Mãe tinha confessado à filha, por amor, que não tinha filhos.

Aos olhos orgulhosíssimos de Mãe, foi como confessar uma falta.
E que expressão autolesiva dirigiu contra ela mesma! Ela, que sempre tinha palavras para tudo, ela que queria escrever um romance, ela que encantava os estudantes com sua fala brilhante, dirigiu contra sua pessoa uma expressão gasta e convencional. Um efeito do pânico.
Mamãe Verdadeira era a outra. Atribuir a si mesma um papel falso! Tinha inoculado no próprio corpo um quê de plástico, de moeda que não ressoa, de boneca de borracha. Mamãe Falsa. Coitada, coitada da minha Mãe!

A partir desse momento, ela não acreditou mais no meu Amor.
Tal como quem apressadamente se despiu e não pode mais voltar atrás. O que se viu, se viu.
Na memória de Mãe, instalou-se um Antes, no qual eu era afetuosa e obediente. A criança "mansa" que com toda evidência, conhecendo-me ainda hoje, nunca fui, nem poderia ter sido. Aquela criança angelical foi instituída a posteriori pelo medo de Mãe. E se tornou o sinal de sua Grande Decepção. Pois aqui já estava em vigor o Presente, a dor da separação. Uma Verdade, revelada por Mãe, tivera o efeito paradoxal de torná-la Falsa, ainda que somente a seus olhos.

Podemos então relatar o momento da revelação da notícia minúscula como um parto com palavras, acompanhado por um imenso derramamento de sangue.
Mãe agora sabia que eu sabia que o seu sangue não era o meu sangue.
Mãe acreditava que o amor não pudesse se tornar sangue.
Errava, por insegurança e excesso de lógica.
Mas foi assim.

A nossa cama — dormia com ela, na cama de casal — foi progressivamente invadida por uma enorme privação.
Quanto mais o sangue de Mãe se recolhia em si, ofendido e dolente, mais o meu sangue jorrava ao seu encontro cintilante, rutilante e eloquente, para acabar com aquele estrondo congelante de universo em abandono.

Sangue doado como flor sem valor.
Pobre sangue pálido de palavras.

Duas crianças não se falam mais.
Duas folhas ressequidas para se abrigar do vento.
Duas bocas que falam de planos espaço-temporais incomunicantes. Como mortos com vivos. Como num filme de ficção científica. Como na realidade.

Com o tempo, a notícia escavou um sulco oceânico no mistério afetivo de Mãe, entre ela e o amor que eu nutria. Que ela nunca mais viu. Mas eu
era toda feita daquele amor, não tinha outra coisa.

Foi assim que ela deixou de me ver.
Foi assim que iniciou a me perseguir.
Foi assim que, no final, ficou cega.
E foi assim que parei de pintar
quadros que ela já não podia ver
e tentei a poesia.

Roma, 5 de junho de 2020

MÃE É CIUMENTA

Mãe é ciumenta, muito ciumenta. Tem uma prima, ela também siciliana, que trabalha como freira num lugar muito longe e splashante chamado Mestre. Entendo (mal) que é professora, que ensina às crianças e por isso é boa. Chama-se Pina. Um nome pequeno, sem pretensões. Quando vem nos visitar, dorme na cama de casal conosco. Mãe se chama Consolazione.

Mãe é loura, bonita, lúcida, normanda e stalinista. Pina é morena, árabe, suave, com o rostinho pontudo, uma menininha do campo, pouco culta e devota.
Ao me imaginar deitada, com o rosto para o teto, colocamos Mãe (loura) à minha esquerda e Pina (morena, como Mamãe Verdadeira) à minha direita. Uma crucificação.

Toda vez que Pina vem nos visitar, assisto ao segredo da espoliação de uma freira. Pina é lenta, come preguiçosamente e preguiçosamente se despe, apoia os vestidos pretos sobre uma das duas poltronazinhas de cetim ao pé da cama, os movimentos ligados a uma distração invisível. Tirado o véu, tem aquele cabelo preto e denso que fala de campina tomada pelo sol, de azeitonas agitadas ao vento e de uma solidão que sara com o sono.

Seu sono é um seixo entregue à água.
O véu no pé da cama.
A cama como um rio que não dá paz para quem fica.

O que podemos opor, pobres mortais, à memória do corpo?

VOCÊ NÃO TERÁ OUTRO PAI

Nunca soube, nem indaguei, quem era Papai, depois que elegi Giacomo como único Pai:

o herói da Espanha, o escritor autodidata, o operário metalúrgico que, em Savona, passa as noites da juventude sobre os livros, aprende depressa (e razoavelmente) a ponto de começar a identificar as injustiças, primeiro como sindicalista dentro do grande complexo Ilva,[1] depois como jornalista político, depois como voluntário antifascista, embarcado em tantos vagões surrados para oferecer sua vida à liberdade de um povo que fala uma outra língua (empunhando o fuzil de dia e tirando da noite palavras maceradas na lama, fervente ou gelada, das trincheiras da brigada "Gari-

---

1. [N. T.] Importante indústria siderúrgica italiana, fundada em Gênova em 1905.

baldi"; voltando a combater e a escrever logo depois da operação cirúrgica de sutura das feridas quase mortais, em decorrência de um bombardeio aéreo; sofrendo ligaduras incisivas às cadeiras dos campos de concentração franceses e os atinentes golpes dos *cagoulards*, que gostam de lesar costas e costelas com a ajuda de sacos cheios de areia), enfrentando, enfim, agitadas conferências públicas, como Dirigente do Partido Comunista Italiano na Sicília, e sentando por dez anos na Câmara, graças à força de seu engenho e, sobretudo, de seu grande ímpeto.

O que mais pedir, à vida de um ser humano, senão essa direção obstinada rumo ao "aberto"?

As palavras são a parte mais concreta da matéria.
A matéria é uma brincadeira bem-sucedida.
As palavras não são nunca completamente limpas.
As palavras não esquecem a matéria da qual evaporam, mas não sentem nenhuma saudade dela.

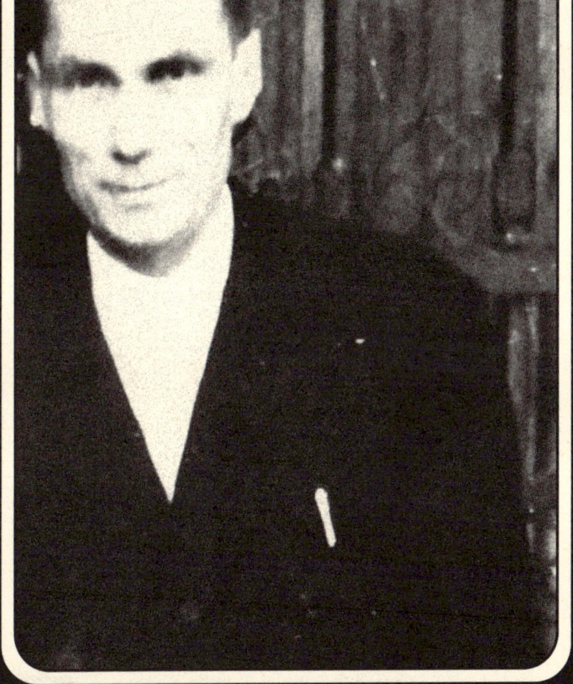

Pai é alto e grande, é muito lindo. Gian Maria Volonté. A classe operária vai ao Paraíso. Com o sobretudo de lã, o terno cinza-claro, o colbaque trazido de Moscou, responde: Pode jogar no lixo!, ao liceal de casaco de couro que em Ponte Lungo lhe oferece um panfleto do *Fronte della Gioventù*.[2] Não lhe interessa que ele seja quarenta anos mais jovem. Pai é democrático. Faço eco às suas palavras: No lixo!

Sempre sem gravata, caneta esferográfica (azul) no bolso, camisa de mangas curtas para dentro das calças, cinto apertado e colarinho sem fechar. Na lenda familiar, Alessandro Natta[3] presenteia Pai com uma caixa de magníficas

---

2. [N. T.] Organização política juvenil de direita.
3. [N. T.] Importante político italiano (1918-2001), membro do Partido Comunista, do qual foi secretário-geral de 1984 a 1988.

gravatas de seda, dado que Pai continua se apresentando no Congresso com o pescoço nu. Seu corpo ocupa o espaço disponível. Quando Pai escreve à máquina, a escrivaninha azul — essa, que numa noite que irei falar se tornou minha — enche-se de folhas. Sua bela letra oblonga. Pai viaja o Mundo. Quando está fora, todas as noites antes do jantar chega um telefonema. A linha frequentemente tem chiado, como que com muito vento. Todas as manhãs, Angelo, o ciciante carteiro do bairro, entrega um cartão-postal, de terras remotas como astros: Índia, Brasil, África. Pai é o mundo. Coleciono as paisagens que seus olhos veem. Papai, vou arrumá-las. O teu mundo é a minha Coleção Particular.

Pai é a condensada seleção de vinis que representa a singular trilha sonora da minha infância: as *Canções populares húngaras inspiradas em Giuseppe Garibaldi*; *Viva a FRELIMO, documentos e cantos do povo moçambicano em luta contra o colonialismo português*; os *Cantos da Guerra da Espanha 1936/1939 — Con la punta de la bayoneta defenderemos nuestra Libertad* (e Mamãe que me ensina ¡*Ay, Carmela!*: "Rumba la, rumba la, rum — bambam/ Cuando sobra corazón/ ¡Ay, Carmela!/ ¡Ay, Carmela!"); os *Poemas de Mao Tse-Tung* musicados por Roberto e cantados por Gigliola Negri; *Companheiro Presidente — Homenagem a Salvador Allende, cantos e poemas da revolução chilena*, em que aparecem Pablo Neruda, Violeta Parra e Rafael Alberti; os *Cantos da Resistência italiana* e os *da Liberdade* interpretados por

Mamãe que me ensina *La Carmagnole*, hino de uma Revolução que me parece um bocado mais sanguinária que o belo canto de amor espanhol: "Dansons la carmagnole/ Vive le son, vive le son/ Dansons la Carmagnole/ Vive le son du canon!").

(Do repertório discográfico inicial de Pai irá descender, em parte, a escolha do pai dos meus filhos: quando o encontro, meu futuro companheiro toca por profissão trechos análogos aos aqui resumidos. Aquele não sei o quê de eterno e revolucionário, tempo futuro que aflora do passado, passado que se solidifica e apruma, se aplaca e emplaca, para se tornar futuro. Uma representação perfeita. É certo que o amor não é e não será somente saudade do amor, mas, com a mesma certeza, a música é mais forte que o Tempo. A música é uma máquina do Tempo, lúcida como uma flecha: "Y en las multitudes el hombre que yo amo".)

O formidável inventário paterno se conclui com *Il Viet Nam è qui,* que reproduz as vigílias pacifistas realizadas em novembro-dezembro de 1965 em Roma e Turim, e reúne intervenções de Alfonso Gatto,[4] Norman Mailer, Giancarlo Pajetta,[5] Dario Fo… E quem mais poderia apresentar o espetáculo relativo às manifestações a não ser o muito amargo, irônico, inteligentíssimo Gian Maria Volonté?

Não a adoção, mas sim a guerra do Vietnã, foi a verdadeira aflição da minha primeira infância.

---

4. [N. T.] Escritor e poeta italiano (1909-1976).
5. [N. T.] Importante político italiano (1911-1990), membro do Partido Comunista.

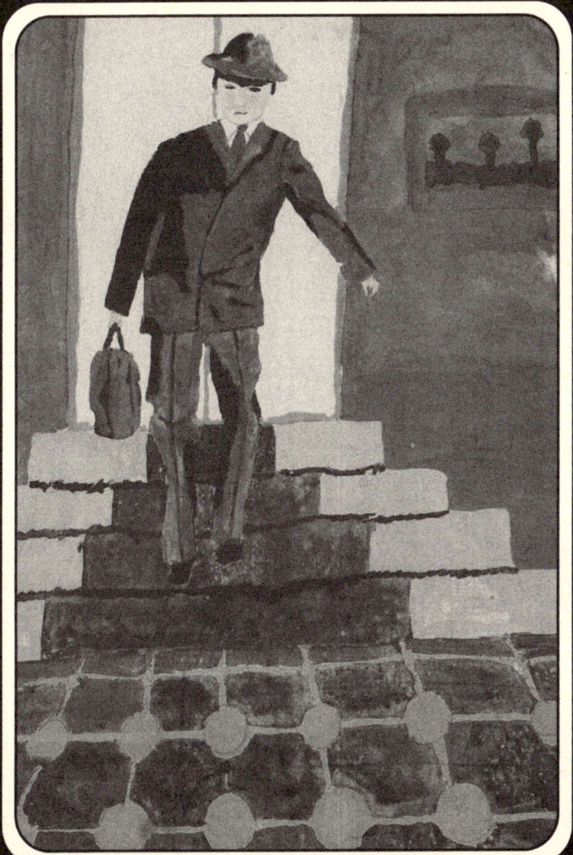

Pai volta de noite, com a mala cheia de presentes exóticos.
As maracas, com o cheiro das sementes de girassol. O espadim espanhol, com a lâmina marchetada e luzente. *Olé! Soy el torero!* As estatuetas em mogno de duas mirradas crianças africanas, amarradas em um arco posto em equilíbrio sobre a cabeça da estátua-mãe. A África carrega os filhos como baldes de água, o líquido vital que escorrerá longe da fonte. O pequeno fuzil ganhamos juntos no parque de diversões. O pequeno fuzil é melhor do que as bonecas. Pai não combatia atirando bonecas contra aqueles patifes de franquistas. Pai foi ferido. Eu estou incólume.

Pai tem amigos espanhóis muito bonitos. Um deles, em particular, com cabelos bem

pretos e o sorriso liso e cintilante. Tão lindo
que o sigo até o banheiro, como se fosse o
flautista de Hamelin. Ele dá um jeito de me
fechar do lado de fora sem me deixar entender e sem me ofender. Pai tem amigos leais
e delicados como ele.

Pai guarda para mim os crackers e os len-
cinhos perfumados que lhe dão a bordo dos
aviões. Assim você sabe que penso sempre
em ti. Assim você voa comigo.
Aqui se fundam cheiros e sabores de todo voo
futuro. O amor é verdadeiro e sem distância.

A metade da cama de casal onde Pai deveria dormir, no inverno é fria.
Uma noite, pulando de alegria por Pai estar conosco, bato no quadro da Madona entalhada em madeira maciça, pendurado em cima da cama.
A Madona na testa de Pai. O lenço de tecido branco na testa de Pai. A Madona nos lábios de Pai.

Tenho esse quadro no meu quarto, em memória dos perigos da exuberância, por aqueles que foram arrebatados por ela.

Pai me dá um tapa porque, ao atravessar a
Piazza Ragusa, digo-lhe Você está maluco?
É o primeiro tapa da minha vida. O segundo e
último me será dado pelo pai dos meus filhos,
tantas vidas depois na mesma vida.

Uma manhã, Nonna bate na cabeça de Pai com
o cabo da vassoura. Pai vai embora gritando
Lutei pela Liberdade, não deixo ninguém pôr
as mãos em mim! Não eram mãos, Pai.

Mãe afasta Pai de casa. Pai sofre em silêncio. Mãe me diz que a culpa é minha. Pai não parece zangado comigo. Quando está em Roma, vem todo domingo. Jogamos dama (verifico que não me deixe ganhar sem mérito, como os Pais costumam ultrajosamente fazer) e, se o tempo estiver bom, me leva até Villa Fiorelli ou ao Cinema Orione, um cineminha de paróquia não muito longe de casa. Todo 15 de outubro, Pai me leva ao zoológico. Pegamos o ônibus número 3 na Piazza della Stazione Tuscolana. O clímax do passeio é dar de comer para as cabras. Cuidado com a urtiga! Sentado num banco, Pai seca a testa com um lenço de tecido. Quando Pai assoa o nariz, a barba que cresce arranha o tecido do lenço. Um barulho masculino. Depois, me leva para almoçar no restaurante. A sós, Pai e eu.

Na saleta do Cinema Orione, com as cadeiras dobráveis de madeira e o cheiro de porão, fumaça e pipoca, nasce a minha perdurante paixão pelo cinema. Vemos o que está em cartaz, as reprises de 1972-1974.
Vemos *A bolha assassina*. Não durmo durante muitas noites.
Daquela vez, no escurinho, alguém passa a mão na minha perna direita. Infelizmente não é Pai. Pai está à minha esquerda. Eu estou sentada à direita de Pai.

Vemos *Os anjos também comem feijão*. Adormeço um pouco depois do começo.
Um dia Pai me leva a um cinema bem longe, com o intuito de imprimir um sigilo decisivo na liga metálica de lama e ouro da minha identidade (que para sempre oscilará entre os dois extremos, como a de todos): Roberto

Rossellini, *Roma cidade aberta*. Tenho oito anos. Antes do filme, passam o trailer de *Não se deve profanar o sono dos mortos*. Pai cobre meus olhos com sua grande mão de unhas aparadas sem esmero, mas tive tempo de ver um antebraço esquelético sair de baixo da terra do cemitério, jorrar num só golpe lápides e relvas contra o céu noturno. Apaixono-me pela obra de Sartre que está na estante de Mãe. Começo por *Mortos sem sepultura*. Segue toda a coleção de *Urania*,[6] que compraria usada em troca do material que as editoras de livros didáticos enviam para Mãe e que escondo assobiando debaixo da jaqueta jeans. O comprador é um sujeito mesquinho que, quando baixa a porta da loja comigo de doze anos dentro, ao primeiro grito que dou quase fora de mim, irá renunciar ao propósito de me violentar.

Vemos *A árvore das folhas rosas*. Já tenho dez anos, acompanho suficientemente bem a trama. Uma agonia: os pais de Renato Cestiè estão se separando, com grande angústia para o menino, o qual — além do sentido de cul-

---

6. [N. T.] Famosa coleção de livros de ficção científica que estreou na década de 1950.

pa pela separação em curso — é atropelado por um carro e o filme acaba com a cena da criança que, deitada no chão e encharcada de chuva, abraça o tronco de uma árvore com as folhas cor-de-rosa, justamente, clamando assim: Aperta-me forte papai, estou com medo. Ajuda-me papai, estou com muito frio. Papai! Papai! Papai!
Um tanto abalada, peço ajuda a Pai: Como vai acabar? Pai retruca a pergunta: E na sua opinião? Digo: Que o papai vai chegar e salvá-lo! Pai duvida: Assim é confortante demais. Sinto ainda vergonha da minha covardia. Pai é alguém que luta, o final feliz é preciso conquistá-lo, não inventá-lo. É o último filme que vimos juntos, mas não a sua última instrução para o uso da alegria.

Pai cai, longe de casa. Pai está no hospital, na sua terra.

O verão de 1975 tem o cheiro ferroso dos trens, estrilo de sapatas que freiam a seco, bafos de calor das janelas, almôndegas fritas com salada de tomates maduros, com os quais Nonna enche as marmitas de alumínio para Mãe e para mim que, uma vez conquistado o assento da janela, consumimos a refeição nas mesinhas retráteis de fórmica de cor amarelada, esverdeada, acinzentada (naqueles anos a fórmica era afetada por um discreto palor), envoltas em espirais de fumaça, aberturas de jornais, abanos de chapéus, papos ocasionais, luz perpendicular repentina dos arcos sobre o mar. Eram lindas viagens, vida em contato com vida. Vida que, misturando-se à vida, esquece de si. Frequentemente aconteciam

encontros que tornavam dolorosa a inevitável despedida, na maioria das vezes definitiva. No microcosmo dos compartimentos, treinávamos todos
aquela coisa que chamamos morte.

Quando Mãe me chama pelo nome, usa meu nome em toda sua extensão. É uma forma de respeito profissional e, por isso, dolorosa, em relação a quem o escolheu para mim, a (por ela) assim chamada Mamãe Verdadeira. Quando Mãe me chama pelo nome completo me assusto.

Maria Grazia, não fica bem olhar para as pessoas enquanto comem, você as obriga a te oferecer alguma coisa.
(Eu sei!)
Maria Grazia, olha para fora.
É sempre a mesma paisagem, prefiro ler.
Essa resposta será assumida, mais adiante, como prova do meu escasso interesse pelo mundo.

Fora do trem, o verão de 1975 é de almoços em tratorias com o cheiro áspero do vinho branco de mesa, por entre as espigas e as espadas incendiárias dos agaves. Cardápio, sempre igual: *trenette al pesto* e bife à milanesa. E é a exalação graveolente e humana dos hospitais, camuflada pelo agudo do desinfetante, misturada a lufadas de giesta e ao perfume de lavanda sintética dos hoteizinhos da costa. Reservamos quartos com banheiro compartilhado. À noite, para economizar, fazemos compras e comemos no quarto. Escolho sempre a *farinata di ceci*.[7] Mãe já me deixa ir sozinha à padaria para comprá-la, depois de dois meses todo mundo nos conhece. Somos a família de Pai.

---

7. [N. T.] Massa fina de grão-de-bico assada no forno, típica da tradição lígure e toscana.

Ainda não tenho doze anos, não poderia entrar na unidade, mas Mãe não sabe onde me deixar. Pai está com a metade do corpo paralisada, fala mal, escreve torto, sorri tímido como uma criança quando me sento ao seu lado na cama. Invento metade das palavras que ele fala para mim. Entendo que ele gosta de bala de hortelã. Entendo que entrega aos meus cuidados Mãe. Entendo que ao me ver ele fica melhor do que com os remédios.

Um sobrinho de Pai, bem jovem, vestido de garçom, presenteia Mãe com um objeto de pilha branco oblongo. No hotel, Mãe lê as instruções e me pede para massagear seus braços com aquele objeto que vibra.

O leito ao lado do leito de Pai uma manhã é arrumado.
O rapaz tinha os bigodes pretos densos e uma bonita esposa desesperada que sempre nos dizia Meu marido é jovem, vai conseguir. Todas as vezes eu tremia de raiva, não tendo idade para me compadecer do egoísmo de quem vive vencido pelo terror.

Da poltrona no pé do leito, vejo alguns amigos de Pai darem em cima de Mãe. Um, em particular, um advogado com tom de pele roxeada e uma perna dura, quer nos levar para almoçar. Finco o pé. Mãe sorri, tristíssima e agradecida. Você não terá outro Pai.

Tio Pacifico, irmão de Pai, fica comigo numa tarde e me leva ao parque. Na barraquinha, compra para mim uma bebida colorida, dentro de uma garrafa de plástico transparente e rugosa, de tampa amarela e lisa no formato de um sombreiro. Digo Obrigada, papai.

Nos ligam para dizer que Pai está alegre e canta a plenos pulmões "Va Pensiero". Na cozinha, Mãe diz Pode ser a melhora da morte.

Indo de trem ao funeral de Pai, coloco o braço direito para fora da janela para apanhar o ar, em vez disso pego um poste de luz. Mãe permanece sentada, diz Bem feito. As últimas palavras de Pai foram Deixem-me morrer. Morrendo, Pai exigiu mais uma vez liberdade. A última liberdade que pode um homem, ser livre para morrer. Pai é coerente. No enterro de Pai, minha mão direita lembra, pela forma e cor, uma berinjela. Quero contar piadas para todos. Nenhum dos Companheiros ri comigo. O caixão de Pai é exposto, levantado, tem o tricolor e a bandeira vermelha. O de Pai é um enterro de Estado. Um amigo de Pai me leva até a Farmácia e me enfaixa a mão. Vejo o caixão de Pai empurrado para a boca laranja do crematório. Fora, no sol, o cheiro
não se parece com nada. Daqui a alguns dias é meu aniversário de onze anos. De noite, na

cozinha, digo Parou de sofrer. Depois me sento na escrivaninha de Pai e raspo todos os cabelos com a gilete.

6 de junho

NÓS DUAS

No Kursaal de Ostia, Mãe me segura no alto como um troféu. É o verão de 1965, Mãe me adotou há poucos dias. O mar faz bem à criança. Mãe tem pele clara, no mar fica toda vermelha. Na areia anda vestida como na cidade, com duas voltas de pérolas, o pequeno relógio de ouro da formatura, as sandálias brancas com salto que afundam até quase o tornozelo na tentativa de sustentar meu pequeno peso, a escova toda despenteada. Mãe não é um tipo esportivo. Mãe tem o sorriso cheio de alegria. Mãe espera tudo da vida.

Não temos máquina fotográfica. Com exceção daquelas ocasionais feitas por amigos, as fotos de recordação são tiradas uma vez por ano, na cabine ou pelo fotógrafo. Nenhuma vaidade, apenas documentos do crescimento.

A segunda fotografia em que aparecemos juntas é tirada na cabine da Estação embaixo de casa, no inverno de 1967. Tenho três anos e meio, Mãe, cinquenta e um. Ela está de *tailleur* azul de alfaiataria, a camisa de seda com gola redonda, o broche de prata com espigas de cristais incrustadas e três rubis no alto. Eu estou de sobretudo azul transpassado e a boina de lã amarrada com um laço debaixo do queixo. Somos parecidas, Mamãe e eu. Elegantes, divertidas, inteligentes. Felizes.

Mamãe usa um casaco de pele de castor com o cachecol de seda laranja. Mamãe passa pó de arroz e apenas um fio de batom vermelho. Nas noites de inverno, ela tem cheiro de ar.

Aquela noite que fito apavorada a praça, pela porta-janela da cozinha. Nonna, por que mamãe não volta? As luzes dos carros no asfalto molhado. Mamãe não enxerga bem. Mamãe não coloca óculos porque tem vergonha. Quando saímos, a ajudo a atravessar a rua. Cadê mamãe? Digo isso contra o vidro da janela.
Sei o que é a alegria porque naquela noite de inverno mamãe voltou.
Mamãe estava na livraria, comprando a edição recém-lançada das *Fábulas italianas* selecionadas por Italo Calvino. Oscar Mondadori, janeiro de 1969.

Tenho absoluta e inabalável confiança de que Mamãe tem um remédio para qualquer coisa. Tenho absoluta e inabalável confiança de que Mamãe sabe tratar qualquer dor. Esse remédio mágico chama-se "pomadinha". Quando mamãe me passa a "pomadinha", eu saro de qualquer dor infinitesimal. *"Serena, io ero serena,/ serena come un cielo blu./ Un fiore dentro ad un bicchiere/ bastava, e poi c'eri tu"*,[8] canta Gilda Giuliani.

Naquele verão, fico com febre. A febre altíssima deforma minha percepção das dimensões da realidade e do meu corpo entre as coisas reais. Fico grande como o quarto inteiro, o peito pressiona o teto liso, sinto o sabor denso da tinta, depois, de repente, encolho como um

---

8. [N. T.] "Serena, eu era serena,/ serena como um céu azul./ Uma flor dentro de um copo/ bastava, e ainda havias tu".

grão de poeira no sorvedouro e o teto é uma abóbada celeste, inalcançável.
Sou internada por tuberculose. Mamãe nem por um instante se afasta de mim, dorme na poltrona no quarto do hospital. Mamãe me dá bronca pelo vício de comer areia atrás das cabines, onde estão os ralos dos banheiros. Vejo que Mamãe está desesperada e às vezes chora, sozinha no pequeno banheiro da enfermaria, vejo que Mamãe corre o risco de pegar tuberculose por mim. Assim que ficamos melhores, na meia-luz das tardes hospitalares construímos esquisitas figuras bidimensionais com papel adesivo colorido e as colamos em cartolinas pretas.

Mamãe que passa a noite me penteando porque leu que os cachos são uma doença do cabelo. Mamãe que me faz dormir contando-me os mitos gregos. Mamãe que me trata com *Piramidone*[9] e toda vez rio do nome. Mamãe que ameaça chamar o Bicho-Papão e eu que fico entusiasmada e corro até a janela Me mostra, me mostra! Mamãe que, enquanto me dá banho, dá um tapa em si mesma para não me bater. Porque não sou sua Filha, ela diz. Mamãe, por que você sempre se lembra disso? Mamãe que ri com sua bela risada clara clara quando faço palhaçadas para ela. Mamãe que corrige os trabalhos na mesa da cozinha e eu que invado seu espaço com os volumes brancos da Enciclopédia dos animais P.E.I.

---

9. [N. T.] Ou *Pyramidon*: antigo remédio de origem alemã, em comprimido, com supostas propriedades antipiréticas e analgésicas, depois considerado ineficaz pela medicina.

Mamãe que, mesmo se fazem mal, compra as batatinhas Pai porque o nome Pai me faz rir. Mamãe que me dá cinquenta centavos se a ajudo a colocar os gerânios nos vasos. Mamãe que diz Vou guardar para você. Mamãe que se queixa porque, desde quando eu estou aqui, nem sequer tem tempo para cortar as unhas. Mamãe que aos domingos toma banho com os sais perfumados e o pequeno rádio ligado. Mamãe que não sabe cozinhar e joga na água o pó do creme de aspargo Knorr. Mamãe que, quando eu insisto para que não saia, tenta disfarçar a impaciência com a doçura do tom, enquanto diz Maria Grazia, assim você me dá azar. Mamãe que começa a rir no meio da rua porque imito sua postura quando caminha toda enrijecida. Mamãe que toda noite me faz escrever o diário do dia e eu que invento o mundo para fazê-la feliz.

Naqueles anos, as pessoas sequestradas[10] têm nomes estranhos: Sutter, Getty, Mirko Panattoni. Imagino que sejam punidas por causa do nome. Mamãe, podemos mudar o seu nome?

Quando o disco da Chapeuzinho Vermelho chega no ponto em que o lobo morre, sofro. Mamãe diz que, ao contrário, é preciso ter a coragem de extirpar o mal.
No jornal *Paese Sera* vejo a fotografia de Renzo Danesi e, com ar de quem sabe muito, falo pra Mamãe que ele é mesmo bonito. Danesi é um dos integrantes da quadrilha criminosa da Magliana. Mamãe observa, preocupada A menina tem uma queda pelos marginais.

---

10. [N. T.] O sequestro de pessoas de famílias abastadas, a fim de extorsão, foi um fenômeno criminal frequente na Itália, sobretudo entre as décadas de 1970 e 1980.

Mamãe me leva frequentemente ao neurologista porque diz que não sou normal. Colocam no cabelo as placas dos eletroencefalogramas. Gosto de desmontar as bonecas com os alto-falantes, para entender como funcionam. Me fascinam os cabos, os mecanismos. As bonecas com disco me decepcionam. O neurologista me prescreve brometo. O brometo é um anticonvulsivo veterinário que, em doses pequenas, tem um efeito sedativo. O uso pediátrico é altamente nocivo. Gosto também dos insetos. Construo um herbário transparente, estudo a vida dos oniscos. Dou-lhes nomes, me apego a eles.

Mamãe que fica feliz porque soltei o ratinho preso pelas freiras da creche de Via Mirandola e repete para si mesma, toda orgulhosa, que falei pra ela Mamãe, dava pena, parecia um passarinho sem asas. Mamãe que, enquanto se satisfaz, de vez em quando se torna mais sombria porque, em seis meses, é o segundo Instituto de freiras do qual sou expulsa. O primeiro é o das Doroteias, antipáticas desde o nome. E também, em seu jardim, às vezes morrem os melros. Mamãe que me bota no segundo ano do fundamental com cinco anos e meio porque com os meus coetâneos fico entediada.
No dia antes da prova para entrar no segundo ano, me recuso a recitar para a tia Wanda, amiga de coração de Mamãe, o poema que Mamãe me ensinou. Não gosto de me exibir por obrigação e tampouco cedo para que resplandeça o exemplar ensinamento de Mamãe aos olhos

de sua imponente colega, que ela chama, com divertido carinho, de "o couraceiro".

Embora em circunstâncias como essa eu manifeste meu caráter ruim, Mamãe é flexível, Mamãe não me força: Mamãe confia em mim.

O poema que silencio resolutamente é o "Pranto antigo" que Giosuè Carducci dedica à morte do filho. Apesar de eu entender só parcialmente o que repito, capto sem dúvida a dilacerada e pesadíssima atmosfera dos versos e vou atribuir durante anos à inocente romã uma imerecida contiguidade com aquele tormento, embora digno. O próprio pé de romã se torna para mim símbolo da indiferença natural, porque, no poema, ele continua a brotar e a espalhar todo aquele vermelho vermelho como sangue sobre o poeta que escreve, do interior de uma vida, ao contrário, ressequida e inútil, agora que se encontra esvaziada do único filho. Imagino a criança, enterrada em suas roupas aos pés da árvore, dar vida com sua vida à execrável árvore com os frutos vermelhos. Penso nos pés.

O de Carducci é um pranto curto, contido e (como se diz) viril. O de Mamãe é um gesto resoluto e duradouro e nunca irá acabar: fazendo-me aprender como primeiro poema o poema do poeta que chora por ser órfão do primeiro filho, a minha Mamãe inscreve em mim, para sempre, sua própria declaração de amor, imbuída do horror pela perda. Traduzo as espantosas, tão amorosas palavras que sinto virem de seu corpo, e que Mamãe não diz: agora que te conheci, se você for embora, a vida que você abalou não tem fruto. Quantos frutos pode dar o corpo de uma criança? Na ilha de onde Mamãe aterrissou, Amor e Morte são parentes de sangue. O terceiro vértice da Trinácria é a Honra.

Para mim basta a fadiga de repetir aquele juramento uma única vez, para a inconsciente professora. Uma prova didática brilhante, e tão distante do nosso amor sem igual.

No entanto, me apaixono intensamente pelo personagem em quadrinhos Atomino, desenhado por Marcello Argilli & Vinicio Berti. Atomino é um ingênuo trapalhão, porém generoso e quase indestrutível, integralmente dedicado à felicidade de sua loira irmãzinha adotiva.
"Smeraldina, por que você não sorri mais para mim?"

Smeraldina que não quer perdoá-lo porque ele colocou sua irrefreável energia a serviço do patrão da fábrica, traindo, sem querer, os operários em greve. Atomino que não entende nada e ela sabe tudo. Atomino chora lágrimas radioativas que esburacam o chão.

Mamãe que tira uma soneca com a Nonna e contam tudo uma à outra. Vá brincar um pouco. Com a bola na parede da cozinha. Ou, debaixo da mesa, interpreto primeiro o papel da princesa e depois o do tuaregue que a rapta (lia *Os bandidos do Saara*, de Emilio Salgari). Quando os dois se apaixonam, a brincadeira se torna acrobática.

Depois do jantar, prefiro histórias da juventude. Mamãe manda vir da Sicília os pés de jasmim. Nas noites de verão, naquele perfume de ilha abandonada ao vento levantino, procuram a rajada de poente na sacada. Mamãe diz Construíram prédios demais. Antes, dava para sentir aqui o cheiro do mar.

Quando Mamãe brinca comigo, sentadas ao fundo, do lado da balaustrada, a cidade está aos nossos pés e nós somos maiores do que a noite estrelada que nos contém. Um navio carregado de eternidade. Estamos nos alicerces do mundo.

Mamãe gosta muito de recordar o momento do nosso primeiro encontro. Fala disso como uma paixão súbita, fabulosa, recíproca e definitiva — e é assim que a relata também para Maria Pia Fusco, que a entrevista para a revista *L'Espresso*. Eis aqui a voz de Mamãe. Deixo a ela a palavra, à sua viva voz de então, porque, conquanto parcialmente filtrados pela transcrição de uma excelente jornalista, reconheço seu tom, seu estilo e seu caráter: vivaz, rebuscado, sentimental, íntimo, pudico, aberto, arrebatado, reservado, intemperante.

"Achei-a encantadora desde a primeira vez que a vi, ou seja, quando fui buscá-la no Instituto. Quando eu e meu marido pedimos para vê-la, só a tínhamos visto nas fotografias dos jornais. Antes que nos concedessem a guarda, por algumas enfadonhas demoras burocráticas, nunca havíamos tido a possibilidade de vê-la. Finalmente, no dia 10 de julho, nos chamaram para ir buscá-la. Quando eu a vi, estava no colo de uma das assistentes do Brefotrófio, e me aproximei dela, sorrindo. Confesso que estava comovida e emocionada como nunca antes tinha acontecido comigo. Maria Grazia, curiosamente, jogou logo os braços no meu pescoço e começou a brincar com os meus cabelos. Quando entrou meu marido e a pegou no colo, ela lhe deu um sorrisinho e lhe bateu amigavelmente a mãozinha nas costas".

NÃO TEM MAIS NINGUÉM. ROMA — Agora não tem mais ninguém. Maria Grazia, de oito meses, que aqui vemos no colo de uma assistente do Instituto para a Infância ao qual foi entregue. Sua mãe, Lucia Galante, de 29 anos — uma camponesa que tinha se mudado com seu amante da região de Campobasso para Milão — se matou. Um destino cruel para essa inocente neném, vítima de amores errados, de paixões vergonhosas. Lucia, casada com um camponês, tinha conhecido um outro homem, no ano passado, e fugiu com ele em direção ao norte. Depois nasceu a pequena, e a situação ficou absurda. Mesmo ela afirmando que Maria Grazia era filha de seu marido, este afirma o contrário e desconhece a paternidade; aliás, denuncia a esposa por abandono de lar e concubinato. A esse ponto, para a mulher, explode um agudo sentimento de culpa: o pecado, os erros assumem dimensões enormes, diante de seus olhos e dos de seu amante. Faltam os meios, falta tudo, e então eis que chega a decisão extrema. Os dois decidem abandonar Maria Grazia num gramado de Villa Borghese, em Roma (para onde nesse meio tempo haviam se mudado, deixando Milão). A pequena é descoberta por um passante, levada para o Instituto. Lucia escreve numa carta para a polícia: *"Eu a abandonei porque meu amigo não tinha condições econômicas, e meu marido, ou seja, seu pai, dizia que ela não era sua. Vendo-me numa condição desesperada não tive outra escolha a não ser deixar minha filha para a compreensão de todos, e eu com meu amigo pagaremos com a vida o que fizemos, certo ou errado"*. No dia seguinte, os dois cadáveres boiavam no Tibre.

Papai convence Mamãe a me mandar para uma colônia de férias na Ligúria. O afastamento de Mamãe é uma total perda de orientação. A criança com o nariz escorrendo se chama Mario. Diz Me dá um beijinho? Respondo Primeiro seca o nariz.

No parlatório, Papai traz pra mim o *Corriere dei ragazzi*, com o medalhão do calendário asteca de couro em alto-relevo, um brinde que tem cheiro de laquê e me deixa inquieta. Me balança no peito o testemunho de mundos mais desconhecidos do que este, longe de Mamãe. Tão distante de Casa, Papai me parece menor, seu grande corpo chega a preencher apenas o fundo do vazio do universo.
O mar tem cheiro de alga podre. O mar leva embora o boné de algodão branco com a viseira que Mamãe comprou para mim. 1974 é

o ano de "Anima mia". *Ti aspetterò dovessi odiare queste mura*.[11] Acho que era uma menina que cantava essa promessa.

---

11. [N. T.] "Vou te esperar mesmo tendo de odiar estas paredes". A música "Anima mia" (algo como "Meu coração") é um dos grandes sucessos de *I cugini di campagna*, grupo ainda em atividade.

Detesto uma por uma as estudantes que Mamãe traz aqui em casa. Mamãe é uma pessoa engajada, Mamãe me leva sempre com ela: às reuniões do sindicato Cgil Scuola em Via della Ferratella, aos Conselhos de classe, aos passeios escolares com seus alunos, de barco às Grutas de Frasassi, ao Campidoglio. Mamãe diz que, para passar o tempo, eu limpo os cinzeiros com os babados de tule das saias. Nos Museus do Vaticano, corro na frente. O encontro com a múmia desperta em mim uma prolongada desconfiança do Egito.
Às vezes Mamãe me põe sentada em cima da mesa enquanto dá aula. Sou a joia exibida na vitrine.

Surrupio um Gauloises sem filtro do bolso de Pai e penso em fumá-lo na santa paz, sentada no degrau do terraço, que é um dos meus lugares preferidos. Desde então, não mais.

Meu short mais bonito é azul-escuro, cheio de bolsos com zíper e costuras amarelas. Ele tem sempre os bolsos repletos de tesouros: bolinhas, seixos, conchas, cacos de garrafa ou de mosaico polidos pelo mar, garrafinhas com soluções fedorentas que eu mesma fabrico. A melhor delas é à base de pasta de anchovas e enxaguante bucal. Para ela dei o nome de *Angoscìn*.

Enquanto Mamãe aplica as provas finais do nono ano, jogo frisbee com o cão da escola, no meio dos pitósporos brotando no verão. Chamaram-no Príncipe, porque a escola é a

Princesa do Piemonte. Príncipe é o filho grande e loiro da escola e tem cheiro de poeira e terra molhada.

Dada a amizade pregressa com Príncipe, Mamãe se deixa convencer a levar para casa um cachorro branco encontrado na rua. O chamamos Jolly, porque saltita sempre tão alegre que parece querer sair de uma caixa invisível. Mamãe descobre que se trata de um pastor maremano. Depois de uma semana, Mamãe me leva até o fotógrafo para tirar três fotos com o cachorro. Quando volto da escola, Jolly não está mais lá.

Mamãe tem uma colega gorda com o marido esbelto que ela escraviza.
Mamãe tem orgulho de sua independência.
Mamãe se vira sozinha.

Quando Mamãe vai dar aula no Liceu, faço amizade com as filhas da inspetora. Acendemos fogueiras altíssimas nos subterrâneos da escola.

Às vezes, troco às escondidas os quadrinhos do Mickey que eu já li, nas pilhas dos que os menininhos vendem na calçada. Pois, para eles, um vale o outro.

Na sala de aula, vendo trabalhos em troca de sanduíches com salame (proibidíssimo) e porta-moedas de perolazinhas coloridas dos quais, infelizmente, Mamãe gosta muito.

Mamãe frequentemente repete, em diferentes estados de espírito, Você é um rio sem barreiras.

Mamãe que já no fim da primavera senta
no banquinho branco do banheiro, diante da
pequena banheira de granilita branca com a
floração das íris, a qual anuncia a chegada
do verão. Maria Grazia, não repita "que",
substitua por "o qual, a qual". Maria Grazia,
olha! As nuances amarelas, a irradiante cor
de sol, alto sobre os limoeiros, como derrete,
no roxo, no azul de além-mar. Mamãe, te
parecem velas que se afastam, não é? Mamãe,
cor e dor, nos teus lábios, como são parecidos.
Eu não falo isso. Eu não sei falar sobre isso,
ainda não.

Se conservamos bem os bulbos, se os plantamos na profundidade exata e deixamos o
espaço certo, no cheiro selvagem da terra
remexida, a floração é generosa e grande.
Os vestidos de verão sem alça de Mamãe

reproduzem abundantes motivos florais. Os tecidos são espessos e muito macios, as flores acompanham as curvas do corpo, produzindo sombra embaixo. No teu corpo, cada flor tem sua sombra e sua haste, que busca luz além do horizonte.

Acho que Mamãe ama muito as íris pelo nome, igual ao do doce frito, com recheio de ricota ou de creme e amarena, que quando menina raramente podia se dar ao luxo de comer, com o pouco dinheiro das aulas particulares.

Há uma melancolia grande, em seus belos olhos negros, quando ela se lembra da ilha. Mamãe, no que você está pensando? Mamãe olha fixo para frente, como se não enxergasse. Mamãe, onde você está? Às vezes, Mamãe só vê o que ela perdeu. Então, eu a abraço e falo para ela Mamãezinha. O que quer dizer Não me deixe sozinha aqui.

No verão, passo tardes hipnóticas inteiras entalhando silhuetas com furos imperscrutáveis em um compensado de pinho, que depois pinto de azul, verde e amarelo brilhantes, dando uma segunda mão com o fixador VerniDas. Finalizo com acessórios e fitas, pequenas asas de papel-alumínio, que vêm de um mundo iluminado. Quando, à noite, Mamãe e eu escovamos os dentes entre aquelas figuras inventadas, deixadas para secar ao longo da borda da banheira, Mamãe é um barril de pólvora que de vez em quando brilha, no meio de uma psique infantil que se tornou matéria. É uma exposição confiante e calma. A ampulheta da pasta de dente Actifluor marca um tempo que nunca acaba.

Na carteira de Pai encontramos, sobrepostas em ordem ascendente, as últimas fotografias que lhe demos: sou eu nas fantasias de Carnaval.

1973: Príncipe Azul, com a espadinha de plástico e manto.
1974: pajem, com a espadinha do ano anterior e sem manto.
1975: chefe indígena, de cocar, machado no cinto e flecha com ventosa ancorada no arco, os mocassins gastos na ponta pelos chutes dados na bola durante as disputas na pracinha com os garotos do bairro.
Quando chega um carro a gente grita Carro! e a gente para.

Às vezes alguém grita de propósito para parar o jogo, se este lhe é desfavorável.

1976, NO VERÃO SEGUINTE

No primeiro verão Mamãe de novo tenta nos jogar no colo da vida.
As amigas querem levar Mamãe para se distrair. Mamãe se deixa levar.

O passeio de primavera nasce com uma chama espantosa, produzida pela carne assada num excesso de brandy. Na volta, o andamento das filas de carros é lentíssimo. Vejo dois carros destruídos, como socos dados um contra o outro e ambos contra um breu definitivo. Vejo a mancha de sangue se alastrar lentamente no lençol branco que cobre os mortos.

Muitos dizem A pequena precisa de um Pai.
Alguns deles falam por interesse.

Vamos para a casa do professor Favaloro, no meio das vinhas de Fara Sabina. O professor Favaloro tem uma poodle preta chamada Susy, que adora rolar entre os excrementos de setembro, com os quais adubam as vinhas depois da vindima. Mamãe não me deixa brincar com aquele cachorro ambíguo. Só me resta desenhar a lápis toda a propriedade de Favaloro, composta por muitíssimas sombras, escadas, cortes de luz nos vinhedos.

Com o lápis não seguro as vozes. A voz de Mamãe, que me orienta por entre as sombras oblíquas do grande campo açucarado. Nem o zumbir das abelhas sob o pergolado. O cheiro da uva espremida na hora. Meu amor, vem aqui, prova o vinho. Mamãe brinca. Mamãe voltou a ser um pouco alegre. Para isso servem as nossas palavras da noite, esse mundo inventado das origens.

E servem para reanimar a visita à família dos colegas, que têm casa de campo em Allumiere. O nome tem gosto de solo lunar, de amontoados de poeira prateada, me dá medo. Uma raposa empalhada no meio da entrada um pouco escura. Olhos de vidro preto e pelo emaranhado. No jardim, descubro que louva-deus devora louva-deus. O filho dos colegas é exangue e tímido como o louva--deus devorado.
O garoto bronzeado que capina a horta com uma regata, ao contrário, passa o estilingue entre a malha da cerca. Arremessamos juntos, no ar sobre as árvores e nas andorinhas que se lançam contra o pôr do sol, até que o disco solar desaparece dentro do anoitecer, que tem perfume de menta selvagem. As nossas pedras em voo são anticorpos azuis no azul. O ar se move rente à terra como o corpo de

um animal obscuro. O garoto lambe seus lábios, já tem uma sombra no lábio superior.

O momento dos passeios que prefiro é a volta, quando, queimada de sol e poeira, adormeço no banco traseiro do carro e o carro zumbe e as conversas dos adultos parecem casa.

Nesse verão também tivemos as únicas férias de toda a nossa vida. Falaram para Mamãe que Principina a Mare é um lugar adequado para as famílias. Pedalando sozinha no pinhal, fundo a associação definitiva entre bicicleta e liberdade. De noite, sonho com um tigre que arromba a porta do nosso quarto. Acordo e parece que estou sozinha.

Esse também é o verão da nuvem tóxica. Em 10 de julho de 1976, abre-se a válvula de um reator da indústria química ICMESA, de Meda. A abertura evita a explosão, mas solta no ar quatrocentos quilos de TCDD (tetraclorodibenzo-*p*-dioxina), uma formação aérea de pó branco que, depois, na região de Brianza, cai sobre os municípios de Seveso, Cesano Maderno, Desio, Limbiate e também sobre Meda, envenenando-os. Fala-se em súbita morte de gado, bichos de estimação e pássaros. O jesuíta Virginio Rotondi, nos cinco minutos da transmissão radiofônica "Ascolta, si fa sera" [Escuta, está anoitecendo], ainda tem tempo para dizer que o rosto de muitas crianças vai ficar desfigurado (pela cloracne). Durante a guerra do Vietnã, a partir de 1961 e pela década seguinte, o terrível desfolhante TCDD "Agent Orange" foi borrifado em todo o Vietnã do Sul para que os vietcongues não tivessem mais, literalmente, onde se esconder. Consequência disso foram as gravíssimas malformações fetais e um grande leque de carcinomas, estes últimos distribuídos entre a população vietnamita e os próprios agressores americanos.

Me apaixono pela leitura de *Il gran sole di Hiroscima* (*sic*) [O grande sol de Hiroshima], de Karl Bruckner (Bemporad Marzocco, 1967). Chama muito a minha atenção o fato de as sombras dos japoneses da minha idade terem ficado impressas nos muros e escadarias. Mamãe, a sombra daquelas crianças não vai crescer mais? Mamãe mal sorri, não responde. Não diz que aqueles corpos miúdos somente tamparam as porções de muros e escadarias onde se apoiavam, protegendo-os — sem querer — do branqueamento nuclear; não diz que aquelas não são as sombras, mas sim o último rastro de um sólido humano, o que resta de um homem antes de desaparecer no vento atômico.

Uma noite Mamãe me encontra debaixo da cama, desesperada porque "Não quero crescer". Quero ser a sombra, fixa para sempre, de uma garotinha. Quero que nada mude. Tempo, deixa-me aqui, nessa solidão amante, nesse incondicional entender. Como manusear os objetos hipersensíveis que vivem dentro das crianças?

Dez anos depois, em 26 de abril de 1986, explode o reator nuclear ucraniano de Chernobyl. "Companheiros, ao deixarem temporariamente as suas casas, por favor, não se esqueçam de: fechar todas as janelas, desligar todos os registros elétricos e do gás e fechar as torneiras." Trecho da mensagem de evacuação transmitida em 27 de abril pelos alto-falantes militares de Chernobyl e Pripyat. A evacuação será definitiva. Apesar disso, o custo em vidas humanas supera o milhão. Uma chacina devida à degeneração do orgulho nacional de um povo amado. Uma chacina devida à ocultação de informações científicas, por parte do governo soviético, que omite inclusive de seus próprios técnicos nucleares a periculosidade do sistema de parada da reatividade, em caso de superaquecimento do núcleo. O risco se explica pela necessidade de conter os custos de produção. Sobretudo: as barras de controle, as primeiras que entram em contato com a eventual incandescência anômala do núcleo, têm, na

URSS, acabamento em grafite, econômico e inflamável, em vez do mais caro carboneto de boro, que teria o efeito imediato de absorção da energia excedente. Mas quem aperta o botão de parada não sabe disso. Economia de rublos corresponde ao desperdício de corpos humanos (e animais) e ao sacrifício de quarenta mil, entre companheiros mineiros, liquidadores e bombeiros: "Eu sirvo à União Soviética".

Por meses, Mamãe não me deixa tomar leite e não compra cogumelos ou salada. Muitos de nós iriam da mesma forma arcar com as consequências disso. Sobretudo as mulheres. A radioatividade é uma abstração que deixa a matéria louca. É uma decadência da economia, que atravessa as células de corpos individuais, bem distantes: sangues, tireoides, úteros, medulas, olhos, peles, cabelos. Uma contaminação global, de modo remoto. A radioatividade é paciente e maligna como a vingança e a loucura: queima tudo o que toca, chega quando menos se espera.

Mamãe e eu no Mirante do Pincio. É o fim do verão. Mamãe está abrindo sua bonita bolsa-maleta em palha branca para me dar cinquenta liras para o binóculo. A foto é tirada por um pretendente recusado. Mamãe é simples, Mamãe é realmente bonita, com vestidinhos de verão em malha, floridos, com os fios de pérolas coloridas enfiadas por mim. Mamãe tem sessenta anos e aparenta ter quarenta. Tenta sorrir, mas não consegue. Seus belos olhos negros, míopes e inteligentes são contornados por um círculo de dor, que joga a figura em direção ao chão onde descansa. Mamãe esvaziou as gavetas de Pai, doou todas as suas roupas. Mamãe anda melancólica e frágil como a primeira folha de outono. Eu sou a linda criança de cabelo curto, camiseta de Caninos Brancos e jeans com cinto de fivela oval. Antes de liberar minha entrada no provador, a jovem vendedora da Upim me

toca, para averiguar se não sou um moleque
querendo se enfiar nos provadores femininos.
A evidência a deixa perplexa.

Sou o segurança de Mamãe.
Construo armas com ripas de madeira e prendedores de roupa, que atiram elásticos a uma distância razoável. Treino a mira. Mamãe, não fique triste. Eu estou aqui.

8 de junho

INFERNO

Piazza dell'Alberone. Mãe está estendida no asfalto e chora dizendo que agora vai morrer. Eu fico paralisada, incapaz, inadequada, inerte. Na hora H, não estou à altura. Contra o que atiro meus elásticos coloridos?
O corpo caído de Mãe escava uma vertigem no asfalto. Olho da borda o abismo onde Ela caiu.
Mãe grita para mim: Ajuda sua Mãe!, o rosto deformado pela incredulidade, pelo desengano e mais alguma coisa que nunca vi. Levanto-a, mas não queria tocá-la. É a primeira vez.

O segundo verão depois do falecimento de Pai, Mãe — que sempre se referiu a Pai chamando-o, com respeitoso distanciamento, Calandrone, e sempre ostentou a pose de não corresponder a seu amor — começa a cair aqui e ali. Mãe está convencida de que tem a mesma doença de Pai.
Mãe me diz todos os dias que agora vai morrer.
Mãe diz que vou lamentar muito sua falta.

Enquanto viva, ela aproveita para me mudar de escola.

Começo o sétimo ano em um pré-fabricado muito frio e branco, uma seção separada da escola onde Mãe ensina. Não quero ficar na zona de Mãe. Estou com medo.

1977 é o ano de "Ti amo", de Umberto Tozzi. *E chiedo perdono*.[12] Mamãe, o que eu te fiz? As anáguas na luz. Mamãe guarda as meias na gaveta. Mamãe deitada no início da tarde. Sobre seu corpo as tiras de luz da veneziana criam curvas macias, são pequenas estradas de sol. Mamãe, onde você está?

---

12. [N. T.] "E peço perdão".

Dois meses depois, me recoloca na escola de origem. Segundo ciclo experimental em tempo integral. Brinco no pátio com os meninos. As meninas são todas maquiagem, perfumes e alpargatas altas.

À exceção de Silvia, uma pequena atleta órfã de mãe, que tem o mito de Nadia Comăneci, uma irmã esquizofrênica e um pai geômetra, o qual no verão nos leva a Corchiano, na casa da nova esposa. Tudo tem cheiro de coisa fresca: a nova mãe, de cabelo curto, olhos negros e uma boca feita para os beijos, a casa recém-pintada de branco, a escadaria limpa de lájea branca, o riacho que corre e serpenteia por entre os arbustos de amoras, o jarro-bravo, lúcido e vermelho, que balança na meia-sombra fresca da vegetação rasteira: Meninas, fiquem longe das coisas bonitas demais!, as toalhas lavadas estendidas na margem, a horta da nonna

que corta o salame de chocolate e bolachas na penumbra da casa, a lambreta que acelera na nuvem de poeira da estrada de terra lá fora. Isso, sim, é vida! A vida
não se esquece.

Mãe não dorme mais. O pequeno rádio ligado a noite inteira. Radio 3. Toda noite, o "Conto de meia-noite". Poe, *A máscara da morte rubra. A Coisa.*

Mamãe me manda para a praia com as freiras. Ida todas as manhãs e volta ao anoitecer. Mamãe que diz Coitada da criança, porque num dia de chuva as freiras nos levam para visitar a casa de Maria Goretti. Mamãe não sabe que na cabine baixamos os biquínis, apenas o suficiente. Espera, me deixa olhar bem. O alto-falante da cerca toca "Bella da morire".[13] Laura tem treze anos e se identifica, dança com o pequeno biquíni nos joelhos e sacode os cabelos com as mãos. Seus cabelos são longos e pretos. Diz Vi na televisão. Eu não tenho televisão. Eu estou com ciúmes de Maria Goretti.

---

13. [N. T.] Literalmente "Linda de morrer", música lançada em 1977 pelos Homo Sapiens.

Mãe me pune por culpas imaginárias me deixando sem comida. Contudo, possuo o "Construtor mecânico" Bral 5. Fabrico guindastes de braços muito longos, com os quais pego, com o gancho, provisões pelas fendas de portas e janelas.

Cada um que pense em seu refúgio no cenário do Inferno.

Mãe pensa em me bater durante o sono.
Mãe dorme com a vareta de madeira debaixo do travesseiro.
É uma das ripas utilizadas para decorar os cantos dos salões burgueses.
Esta vem da nossa sala de jantar.

Na nossa casa não entra mais ninguém. Só uma vez, foi posto um lugar na mesa de mármore, pergaminho e cristal verde-mar adornado em ouro, que ocupa quase toda a sala de jantar. O afortunado comensal é um padre, padre Scandola, que irá morrer num acidente ferroviário. Mãe diz que ele tinha um encontro marcado com a morte, diz que tinha cedido o lugar para uma senhora e dessa forma acabara no primeiro vagão, atingido em cheio no choque frontal. Mãe diz que ele morreu para salvar a senhora. Decifro a mensagem de Mãe. Estou pronta para lhe ceder o lugar.

Mãe enche sacolas plásticas da Standa[14] com os potinhos vazios da geleia e dos produtos em conserva Saclà. *Dammi solo un minuto, un soffio di fiato, un attimo ancora*,[15] é o refrão dos Pooh.

Às vezes Mãe me insulta em latim. Consulto o *Vocabolario della lingua latina*, de Luigi Castiglioni e Scevola Mariotti. *Rustica progenie semper villana fuit*. Talvez aquele *fuit* inscreva o insulto num tempo passado. *Fui* vilã. E agora?

---

14. [N. T.] Antiga e famosa loja de departamento italiana.
15. [N. T.] "Me dá só um minuto, um sopro de respiro, mais um instante".

Saio apenas uma vez por semana, para ir até o
prédio ao lado, na casa de Marrica, a filha de
um amigo de Mãe, um secretário de segurança
de Pisa. Assistimos a "Noi e gli UFO" [Nós
e os OVNIs], um programa de Eufemio Del
Buono e Enzo Buscemi, transmitido pelo canal
Quinta Rete, do Lácio. Marrica é assediada pelos seus vinte anos, oscila entre macrobiótica
e cozinha de feira do interior, frita variando
entre raízes de lótus e linguiças abertas na
horizontal. Preencho cadernos com matérias
sobre paranormalidade e avistamentos alienígenas, roubo um belíssimo livro da biblioteca
do Liceu de Mãe: *Scoperte psichiche dietro
la cortina di ferro* [Descobertas psíquicas por
trás da cortina de ferro], da coleção Mondi Sconosciuti. O que posso fazer com este mundo.
Mãe grita a plenos pulmões no hall da porta de
entrada que eu me prostituo. Diz que comecei

com o irmão de Marrica, que veio para fazer uma visita. *Tu, chi mi brucia sei tu*.[16] Mamãe, o que aconteceu com você, onde você foi parar?

---

16. [N. T.] "Você, quem me arde é você", versos da música "Tu" (1978), de Umberto Tozzi.

Quebro com um soco o cristal azul da escrivaninha. Ficou assim, com a forma danificada pelo soco dos meus catorze anos. Trabalho em cima dele.

1977 é um ano qualquer do século XX. Nele Mãe me acusa de ter assaltado um banco em Florença. Mãe anda pela casa com a bolsa debaixo do braço.
Mãe joga o dinheiro da minha mesada no chão ao lado da privada, como agora é chamada por ela. Você não é minha Filha, você é uma puta (com declinação alternada em doida) como a sua mãe. Não falo isso, mas concordamos num ponto. Eu não sou sua Filha.

Fecho-me. Uma laje polar de indiferença. Nada me atinge. Aliás, de vez em quando tenho de sufocar uma golfada de riso. Não se ri na cara da mãe que morre.

Transformo o riso inominável dos Abandonados no pequeno tratado notarial *Sul grande silenzio* [Sobre o grande silêncio], do qual tiro três recortes, amostras de uma época de cólera fria e mefíticas chiquezas nietzschianas:

"Quem se torna adulto ao lado de um Grande Amado que, em contrapartida, lhe injeta nas veias o veneno verdeglacial do Desamor, raramente experienciou, anteriormente, o quente e calamitoso aproximar-se humano: a vida toda é um fruto já maduro do desencanto, colhido quase sem pena da árvore da solidão (e do ser reprovado, de forma mais ou menos visível). O chegar contínuo de uma tempestade, em suma, vingativa daquele seu existir enquanto *monstrinho*, sim, mas tão novo!

*

Quando o malviver é, ao contrário, precedido
por uma primeira infância feliz, o dano não
é calculável:
é possível que aqueles primeiros anos tenham
sido suficientes para formar uma personalida-
de saudável, que chega a amadurecer como
uma laranja; é possível que se gere nela a
incurável traça de um paraíso perdido; ou, ainda, que o choque da mudança produza no não
amado uma instantânea convicção de austera
culpa, que nunca mais será revisada pelo Tribunal interior.
Ou tudo junto, ao mesmo tempo e alternan-
do-se. Como em todo o mundo.

*

Entretanto, em qualquer momento que ele tenha
começado, o dano colateral do Desamor, rece-
bido na enormidade da infância, grande como
uma era, reside na nostalgia de seu veneno:
quem o recebe vai se apegar a ele, gostaria de
receber dele outras coisas, e, crescendo, pode
às vezes procurar encher ainda mais os bolsos,
pela saudade de coisa imaginada igual a uma
porção de pepitas de ouro. O ouro do hábito,
só isso.

É tudo verdade, até ele continuar acreditando: qualquer um se dispõe a não amar a quem não tem a desfaçatez de amar a si mesmo e se expõe ao amor e ao desamor alheios como alguém sem ferida, ou inteligência.

Os não amados são tristes soberanos de seu próprio destino, no museu vivo da terra".

Tanto mais verossímil se Desamor emana de um corpo flagrante, radioativo e radioso de Mãe.

Tanto mais verossímil se Mãe é adotiva, Mãe de eleição, e a *monstrinha* então escrevente, em sua indecorosa onipotência ur-infantil, já havia se incriminado pela morte da primeira Mamãe. Biológica, Natural, como queremos chamá-la?
Não a chamemos Verdadeira, porque a atribuição desse adjetivo resultou em juízos de valor e dele decorreu a já conhecida ruína.

Com treze anos incompletos, começo o ensino médio e agarro por um fio o último grande movimento político. No ano letivo 1977-1978 o Liceu "Augusto" é um arrogante e apaixonado florescer de *animulae* intencionadas a perlustrar, com o muito jovem intelecto, o mundo grande e complexo dos anos de chumbo. Lá fora é o tempo dos revólveres P38. Assembleias, coletivos, grupos de garotos contrariados pelo compromisso histórico,[17] duros embates entre homólogos pensantes, *Companheiro sim, companheiro não, companheiro uma ova*, manifestações, explosões de coquetéis Molotov que de noite me acordam com um sorriso, porque são aqueles colocados pelos companheiros na sede dos fascistas

---

17. [N. T.] Refere-se à hipótese de acordo entre os dois maiores partidos italianos da época, alternativos entre si, a Democracia Cristã (DC) e o Partido Comunista Italiano (PCI).

da via Noto, onde são adestrados os capangas, sendo ela frequentada por irredutíveis como Pino Rauti e "er Pecora"[18] Teodoro Buontempo. Por outro lado, a vergonha irremediável dos rapazes executados a tiro com metralhadoras na frente da sede do Movimento Social Italiano na via Acca Larenzia, e, acima de tudo, a perturbadora execução de Aldo Moro. O mundo queima, tridimensional. Visto deste tempo, o mundo em si perturbado pelo seu último, desesperado, violentíssimo e, por isso, inútil pedido de liberdade.

---

18. [N. T.] "A Ovelha", em dialeto romano.

Reparo constrangida que, às vezes, alguém é tomado por invicta simpatia pela minha pessoa. Na primavera de 78 a minha colega do ginásio Cecilia Angrisano, hoje Presidente do Tribunal para Menores de L'Aquila, manifesta sua precoce inclinação pela justiça das crianças e adolescentes assumindo o compromisso de falar com Mãe. Não sabe do Inferno, quer somente lhe pedir para me deixar sair, de vez em quando. Quando Mãe me acusa de ter quebrado a tubulação interna do banheiro, a pequena Juíza põe-se a chorar e abandona a empreitada. Eu acredito em Mãe.

Acontece que nós nos tornamos o que os outros pensam que somos. Às vezes, já adultos, nos conformamos por preguiça, ou cordialidade, para não procurarmos o tão pedante pelo no olho que o outro coloca em nós; mas seguir as hipóteses dos outros a nosso respeito manifesta--se sempre, fisiologicamente, durante o laboratório humano dos *Verdes Anos* (como os chama Carlos Paredes), quando cada um experimenta o território do seu próprio complexo psicofísico e seleciona, peneira, enfim, escolhe quais partes de si irá apresentar, potenciadas, ao futuro.

Embora eu tenha depois imprimido na minha vida uma mais laboriosa direção, naquela noite testo, com sucesso, a minha habilidade no roubo.
Tendo Mãe incautamente se entregado ao sono, pego cem mil liras de sua linda bolsa de palha

branca (a mesma que dois anos antes ela abria para mim que a protegia de ultrajes e tentações mundanas com uma atiradeira de elásticos), para comprar ferramentas que considero indispensáveis: uma bicicleta usada e uma geladeira. Desaparecem da nossa alimentação paralelepípedos amarelados de mozarela e presunto esverdeado, ainda que dotado de notáveis nuances cor de bronze. Você tem cara de pau. Não escuta nada. Você vê que fico vermelha e permanece impassível. Aos catorze anos observo como uma entomologista o espetáculo que aos doze me apavorava. O humano decomposto em sua máscara desesperada. Essa solidão violenta é a mulher que eu amava, mais que a vida.

Os objetos são brancos e indiferentes. Os objetos não sabem nada. São abertos ou fechados, destrinchados, carregados, apertados, enrolados, ligados, enroscados e desenroscados pelas mesmas mãos. Mas as mãos não são mais as mesmas. A vida que as move não é aquela. Não mais. Os objetos são usados pelas mesmas mãos, em uma outra vida. Eles são apenas um pouco mais opacos, ou mais desfibrados. Têm fiapos, às vezes. Mas não perdem sangue. Os objetos são cheios de decoro. O seu "pó/ é a carne do tempo; carne e sangue", escreve Iosif Brodskij. Vemos o Tempo, no esfacelamento dos objetos. O pó que cai das nossas mãos é invisível. As mãos perdem sangue que não vemos. O sangue invisível, perdido pelas mãos, é o Tempo. Eu também caí como pó. Eu também caí, junto ao Tempo, de suas belas mãos. As belas mãos que tilintam, quando você as move para lavar o rosto, porque a fé de Pai é grande para você, e atinge a sua. Quando as move. Quando as move na água, quando corta uma pequena fatia de pão, quando descasca uma maçã, quando dá corda no pequeno relógio de ouro da formatura. Quando as leva ao peito, para se desculpar.

EXTERNO, *DEBOCHE*

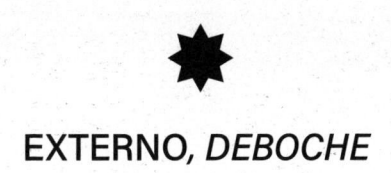

Esporadicamente, nas tardes de verão de 78, Mãe me autoriza a encontrar os colegas de escola na casa de Carlotta. Carlotta vive numa cadeira de rodas, tem uma pequena mansão mergulhada no perfume das tílias, uma babá que prepara bandejas com várias camadas de lanche, mas, sobretudo, tem um toca-discos com potentes caixas de som, das quais flui ininterrupto aos corações o magma musical que os determina: "Time" (Pink Floyd), "... And Then There Were Three..." (Genesis) e "Generale" (Francesco De Gregori).

Carlotta, por sua vez, é munida de mãe que, vai lá saber por qual pressentimento dos fatos, propõe a Mãe que me transfira para ela, em adoção.
Percebo que sou objeto de um barganhar obscuro. Onde está a salvação? O que é menos

infernal no inferno do viver, no qual somos involuntariamente lançados?

"*Oh, mama* / Mamãe
Please would you find the key / Por favor, encontre a chave
Oh, pretty mama / Mamãezinha
Please won't you let me go free / Por favor, não me deixe ir".

Percebo que Mãe avalia a proposta e visita a casa de Carlotta. Mãe abre a porta que dá para um círculo melodioso de menininhos de sandálias ou alpargatas, concentrados em reproduzir os cantos formativos acima mencionados.
Mãe delibera, sem apelo, que se trata de *deboche*. A realidade não existe. A realidade é apenas um ponto de vista.

Mãe fica tão decepcionada comigo que renuncia a me educar. Mãe decide que, para me corrigir, é necessário um Colégio de Freiras.

NADA COMO A VIDA
(O COLÉGIO DE FREIRAS)

Não obstante eu manifeste vivo desacordo parando de comer, sou envolvida como uma triste modelagem semiviva nos véus pretos das religiosas, que levam o nome vampiresco e terrível de Adoradoras Do Preciosíssimo Sangue (com a preposição em letra Maiúscula).

O meu corpo é uma bolinha de flíper, que acabou por rolar sem vontade nos percursos obrigatórios de degraus de mármore e dormitórios onde, nas fervilhantes tardes de sábado, as educandas se preparam para sair, fazendo cachos com fusiformes troços quentes e colocando a si mesmas e tudo ao redor em risco de combustão, pois soltam os quadris ao ritmo de "Le Freak" (*Aaahh, freak out!*), enquanto arrumam as bonitas cabeleiras.
Já provida de cachos naturais, apesar das desesperadas tentativas de reeducar o cabelo por

parte de Mãe, respondo a todo volume com o mais metódico "Another Brick in the Wall" (*We don't need no thought control*).
Um desafio musical entre mundos pensados.

Como Mãe aceita raramente as minhas visitas, muitas vezes fico *dentro* também aos domingos, sozinha com as freiras. O refeitório grande como um aeroporto. A fileira negra, desvigorada, comilona. Mudo gado de ruminantes sagrados. Nela, destaca-se o profano. Há uma freirinha morena quarentona que se veste de azul e, em vez de equilibradas blusinhas de gola arredondada, usa a camisa com os dois primeiros botões desabotoados e a gola com pontas vertiginosas, aberta em pequenos casaquinhos retinhos e justíssimos. Impossível que passe despercebida.

O ar do Colégio é saturado de depósitos hormonais, acres e roxos como mãe do vinagre. Na parte de baixo, se enrola a serpente lanceolada e escamosa do desconforto, sublimada pelo canto e deixada ascender em forma de gáudio da também desejada despedida do mundo bruto. Um cinza-lácteo descontentamento biológico, que se mudou para o alto dos céus, ronda por todos os lados. Ouço ele arrastar os pés, nos pés calçados de chinelos de feltro (geralmente cinéreos). O tormento já desnaturado de não ser e o ambíguo prazer de molestar seu próprio corpo com mesclas do mau gosto.

As celas das freiras são dispostas nas laterais de um longo corredor, e relativamente tenebroso. As celas para onde as freiras se retiram à noite são lóculos, dos quais no amanhecer surgem espectros cheios de ardor. De noite, as portas das celas absorvem o escorrer dos puros corpos humilhados, e, antes do amanhecer, de cada porta jorra de novo o cano de um organismo ainda sem véus, despenteado, com a boca que, por esse automatismo que chamamos vida, entoa o Matinal.

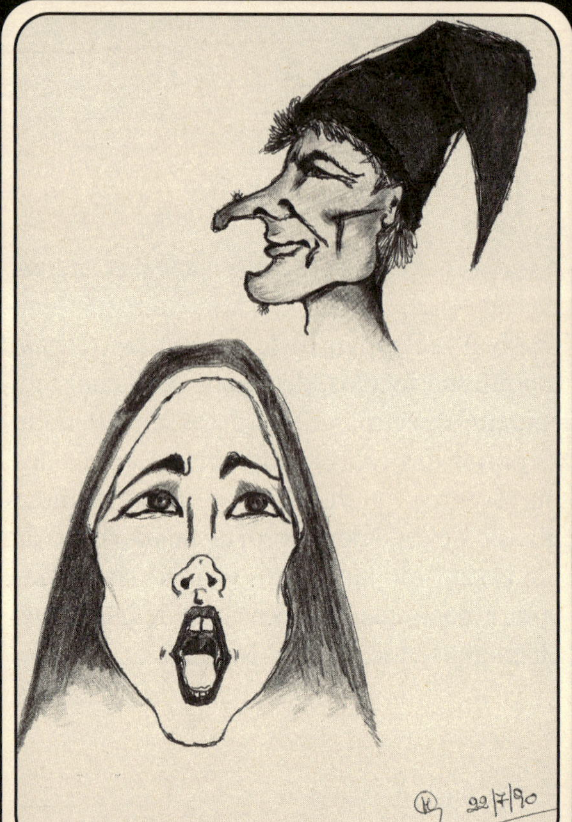
22/7/90

Com o passar dos meses, divido as freiras em duas linhagens críticas, em ordem cronológica. A primeira, ainda não totalmente gasta pelo desânimo. Debaixo dos uniformes engomados, as freiras jovens têm corpos ricos, moles, aromáticos, que ainda sabem a realidade de onde vêm. Os gestos das idosas, ao contrário, são exangues, oprimidos por camadas de desencanto. São as prejudicadas veteranas. Cada ano que morreu em suas vidas apertou uma nova boia de braço no mar sem futuro de seus pulsos. São raras as místicas, as atingidas pela flecha, as alcançadas nas vísceras pelo ouro da mensagem proveniente do angélico Nada, as que compartilham o mistério gaudioso do definitivo não existir de qualquer Deus. Quase todas, no mais, acabam por apresentar olhos duros, vingativos e secos como espadas. Deles, sopra o óxido, o azinhavre de um oximórico rancor bovino.

Sinto os olhares daquelas mocinhas do campo que um tempo foi ensolarado, agora envenenados por décadas de sombras claustrais e pela impudente compaixão de si, que o tempo e a privação mudaram em contrastado ressentimento pelos corpos jovens das educandas.

Por entre esses corpos de meninas em flor, dada a não suportada repressão, se desenvolvem laços imprevisíveis. A vida experimenta um penoso amor pela vida. Para não perder a prática, a vida roça o que de ainda vivo encontra perto de si.
É tocante. É iluminante.

Quem ensinou a voar o primeiro pássaro do mundo? Qual instinto?
o fez sair da casca, do galho, da relva deixada rígida pelo gelo ou pela seca chama das origens onde a Natureza o havia colocado, no remoto alvorecer do planeta?

Sor Maria é a única visitada por vocação. Magérrima, irônica, paciente, concreta como os companheiros operários, provida como eles de bigodinho preto e coração de ouro. Nas noites de sábado, quando nos reunimos para assistir televisão, Maria prepara uma providencial camomila, enquanto Loretta Goggi canta "L'aria del sabato sera". *Comincerà che non voglio e dopo mi spoglio.*[19] Inteligente, elegante, orgulhosa de seu próprio acenar sem sorriso, somente com o ímã negro dos olhos, Loretta Goggi se parece muito com Mamãe. E deixarei que tudo entre nós volte a ser como era antes. Sinto uma dor maciça e sem remédio. A dor do Tempo, perdido para sempre. Quem não a

---

19. [N. T.] "Vai começar que não quero e depois tiro a roupa". Loretta Goggi é cantora, apresentadora e imitadora italiana, particularmente em alta no período relatado, e a música citada, cujo título pode ser traduzido como "A atmosfera das noites de sábado", era a sigla do programa de auditório de sucesso da RAI, Uno.

conhece? Nela conflui uma inteligência inesperada, a evidência daquilo que somos, neste dormitório, casual como o mundo: universos próximos, cada um com seu monólito de dor e alegria, desconhecido a si mesmo. Cada um com seu direito. O que me diz respeito, diz respeito a todos.
Tenho de achar a maneira de furar a casca, o estojo, a couraça, a concreção mortal que contém a cada um e, assim contendo, nos separa.
Tenho de chegar ao coração radial da vida, no infinito dentro das pessoas — e que una pessoa com pessoa — e todas essas criaturas, maravilhosas e miseráveis, com a eternidade bárbara e incandescente das estrelas.

Bebemos como leite a sombra das tardes de primavera, como os beija-flores sugam o néctar da *Heliconia tortuosa*. Quando estamos com medo, permanecemos voando estando parados. Nada como a vida reluz e brilha contra o fundo escuro do Universo, pede ao breu maravilha.

Para escapar do onipresente cheiro de mulher oprimida pelo peso macio das lãs pretas e novelos de faixas engomadas, me habituo a levar cadeira e mesinha para o corredor do internato. Estudo, sozinha, na frente dos janelões. Às vezes viajo com a mente, vejo a sombra da sombra do mundo e vejo que a luz, no pátio, é grande como a do mar da infância e a luz do mar da infância pulsa como um coração, no coração abandonado das coisas. Então, escrevo poemas. Palavras como alavancas, martelos, flechas apontadas contra algo que vibra e não tem nome ou palavra. Música originária que, de forma intermitente, parece que ouço. Essa grande harmonia significante me dá orientação. Fabrico e moldo no fogo do Inferno sem dor, moldo com o próprio fogo do Inferno. Achei a pedra filosofal, o laboratório alquímico onde qualquer dor é entregue de volta ao mundo como beleza. São as bússolas e armas dos desarmados, as palavras.

Muitos anos depois, durante as oficinas nos presídios, alguns detentos irão confessar ter começado a escrever poemas na prisão. Palavras como pontes lançadas sobre a distância. Sempre fracassando. Sempre recomeçando.

Por que ela sim e nós não? reclamam as internas dos dias da semana. Deixem-na em paz, passa por uma situação feia em casa. O peso morto da compaixão alheia, acariciadora e obtusa. A moleza sem fundo da piedade monacal.

OS ANOS OITENTA
ARRUINARAM O MUNDO

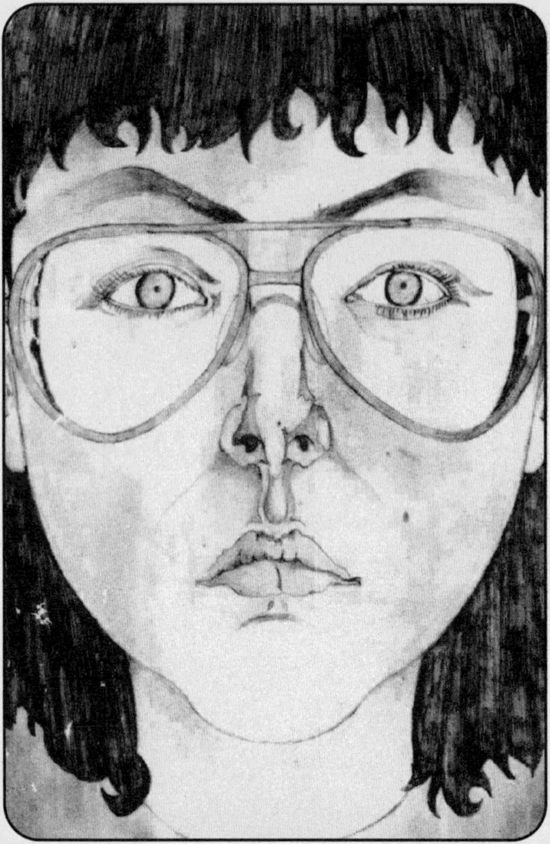

Após dois anos no Colégio de Freiras, a Freira de Azul consegue sua obra de conversão, antiga como o mundo. Mãe desconfia da pureza da minha fé. Dado que, aos seus olhos, Deus pesa menos que as cestinhas que carrego nos raros domingos em família, me desconverto.
Agora Mãe gosta dos fatos, não é mais sentimental, aos domingos não perde tempo para se deleitar na cama. Mãe não está mais confortável no corpo.

Tomo sol na sacada acompanhando Boney M. com o coro mudo. *"Now how shall we sing the Lord's song/ In a strange land?*
Sejamos sérios: como podemos cantar hinos ao Senhor/ Em terra estrangeira?"
Mãe diz Vou te atingir naquilo que você mais preza.

Ou seja, sou submetida por Mãe a uma força de manipulação igual e contrária àquela com que ela me cravou como um dente, nascido torto e relutante, na gengiva aspirante do Colégio de Freiras. Mãe quer me extirpar de onde me implantou. Eu, porém, enquanto isso, enraizei apegos.
Mãe me denuncia por agressão.

O defensor público é uma moreninha exausta. Diz Mas no processo trata de vir vestida bonitinha, assim você parece uma militante esquerdista,[20] não vai dar uma boa impressão ao Juiz.
Mãe renuncia a ir ao Tribunal de Piazzale Clodio, Setor Criminal. Estão presentes, contudo, o Juiz e os condôminos do nosso prédio. Estou preparada para oferecer meu peito a uma floresta de dedos apontados contra mim. Ao invés disso, estão todos a meu favor. Sinto a imperdoável obscenidade do eu. O eu tem valor somente quando é seu. Dizem coisas que não quero saber. Começo a chorar, defendo Mãe. Apesar disso, sou absolvida. Não há prova da existência do fato.

---

20. [N. T.] No original, "zecca rossa", termo pejorativo usado principalmente em Roma para indicar ativistas de esquerda.

Por etapas oscilantes e contraditórias, abandono finalmente a Cama de casal e vou dormir no desconfortável sofá azul da sala de estar. Tudo é nada, nos explica Giacomino. Inclusive as molas oblíquas do sofá.

Da boate embaixo de casa sobe o estrépito de "Upside Down", de Diana Ross, não mais coberto pelos concertos transmitidos pelo pequeno rádio insone de Mãe. A fortaleza da minha Hit Parade isolacionista e analógica, feita de "America" (*e ognuno ha il suo corpo a cui sa cosa chiedere*) e "Fotoromanza" (*questo amore è una camera a gas*),[21] "Ricominciamo" (*io ci provo: ti seguo, ti curo*)[22] e "Ci vorrebbe

21. [N. T.] São músicas de Gianna Nannini, e os versos citados, respectivamente, dizem: "e cada um tem seu corpo para o qual sabe o que pedir"; "este amor é uma câmara de gás".
22. [N. T.] "Vamos recomeçar" é uma música de Adriano Pappalardo, e o verso citado pode ser traduzido como: "eu tento: te sigo e cuido de ti".

un amico" (*per poterti dimenticare*),²³ é sacudida pela eletrônica de um mundo dialogante e disponível à evolução (*Upside down/ Boy, you turn me*).

4 de fevereiro de 1984. Mãe diz que gostou muito de "Terra promessa" [Terra prometida], a música vencedora do Festival de Sanremo. Mãe diz que fala de bons rapazes da periferia, tão cheios de sonho e de esperança... As frases de Mãe são sempre repletas de subentendidos. As frases de Mãe são hirsutas como armadilhas. As frases de Mãe são armas brancas. Só faltava a competição com Eros. Ramazzotti, dessa vez.

---

23. [N. T.] "Seria preciso um amigo", seguido do verso "para poder te esquecer", é outro sucesso da época, lançado por Antonello Venditti.

6 de janeiro de 1985. Mãe me dá cinquenta mil liras porque a neve cobriu Roma. Diz Você vai se lembrar desse dia.

Dilapido as cinquenta mil liras de Mãe para ir a Cologno Monzese, onde pretendo mostrar a Ornella Muti os desenhos que faço há anos, de uma mulher com que sonho e que para mim se parece com ela.

Viajo de madrugada. Em Milão, encontro muito mais neve do que em Roma. Estou com os sapatos totalmente encharcados, gasto os últimos centavos numa barraquinha para comprar um par de galochas verdes tipo pescador e, uma vez calçadas, instalar-me com elas no branco absoluto da entrada dos estúdios do Canale 5.
Dez horas depois, a senhora Muti me recebe, de casaco de pele branco no branco. Folheamos os desenhos abertos de pé no pátio. Verificamos presencialmente a suposta semelhança, tanto evidente quanto misteriosa: nunca

a tinha visto no cinema e, até uma semana antes, não tinha televisão. Ligando pela primeira vez o tão cobiçado aparelho, encontrei seu rosto num comercial de "Premiatissima"[24] e fiquei boquiaberta no meio da sala. Falo assim. Ela acredita em mim, todos acreditam.

Dado que não sei onde dormir, a secretária de produção da rede, Raffaella, me convida para ir para sua casa, me oferece uma reconfortante comida quente e me fala por toda a noite de histórias de vidas anteriores. A manhã seguinte está imersa numa neblina sugestiva, nunca vista.

---

24. [N. T.] Primeiro programa de auditório transmitido pelo Canale 5, concorrente do já citado "Fantastico" do canal público da RAI.

Por profissão hipnotizo pessoas e as deixo como novas. Passo a limpo inseguranças e almas perdidas.
Durante a noite, Raffaella de fato me encorajou a investigar o mistério do cósmico Nada, me colocando na tropa da criação intensiva de fanáticos da dita Cientologia.

Nessas fileiras pseudo-militares, depois de um curso surpreendentemente rápido, assumo o papel de *auditora*, isto é, reparadora de falhas psíquicas alheias.

"Para fechar uma falha/ tem que introduzir nela o que a produziu." Se não for assim, aprenda a suportar as chibatadas dos ventos. Assim se expressa a inteligência de Emily Dickinson, brutalmente arrematada pela minha síntese em prosa. Para quem não pretende sofrer, devem portanto valer os mais maquinosos substitutos do amor, pois a razão de qualquer falta não é senão a privação daquele revigorante calor humano.

Todo paciente que *ouço* aperta em cada mão um cilindro metálico (familiarmente definido como "lata") ligado a um eletropsicômetro (o assim chamado *E-meter*), um dispositivo de medição da resistência elétrica, provido de quadrantes e ponteiros agitados por frêmitos incessantes.
O corpo do paciente conclui um circuito elétrico formado por latas, alma e corpo.
A singular instalação lembra o perturbante híbrido humano que se forma, reforma e deforma em *Crash*, de Ballard (esclareço, a propósito, que o idealizador da Cientologia, L. Ron Hubbard, começa como escritor de ficção científica). Induzo, finalmente, nesse compósito organismo vivo, hipnoses de grau médio.

Hubbard é o anti-homem: um ruivo à la Donald Trump, uma proteínica figura de executivo psicopompo que só poderia surgir na América: tão carnoso e, no fundo, pouco viril, veste a roupa marcial do hipermacho: tentacular, polivalente e "de sucesso" (melhor se planetário).

A teoria na base de seu "método" reside na dor ser um fenômeno físico mensurável e nos traumas formarem resistência e massa (apesar de, na física, resistência e massa definirem conceitos diferentes), podendo ser identificados pela sensibilíssima agulha do maquinário, detalhe que a simples observação visual não permite atestar.
A honesta ferramenta determinaria então a eletrificação dos circuitos espirituais hospedados no corpo. Uma horripilante máquina

de inspeção do real, um agudíssimo detector de traumas, mais penetrante que qualquer olho humano.

Identificado então o episódio traumático, ocorrido às vezes em uma das supostas "vidas anteriores", concentro nele a minha atenção e a do *ouvido*, gerando envolventes fluxos emocionais.

Quando acordam da hipnose, as "minhas" criaturas parece que ressurgiram, ainda que estejam levemente em choque: o agente de seguros descobriu ter sido ator de sucesso (e assim justificará, junto à mulher, sua própria invencível vocação pela mentira), a vendedora agora sabe que vestiu uniformes imaculados de capitão de transatlântico, envolvido num naufrágio espetacular (e assim explica sua aversão pelo movimento das ondas), a professora foi bruxa (e assim finalmente explicará, aos familiares, aquela antiga fobia pelo cozinhar).

A minha amiga do coração, depois de descobrir ter sido a faraó Hatshepsut, fica desobrigada com demasiada facilidade de sua gana de sempre me vencer.
O paciente com a ciática relembra, relinchando e chutando com didática coerência, ter sido uma vez burro de carga e ainda sofrer, nesta vida, por pesos carregados na anterior.

O papel de *ghostbuster* de vestes fantasmáticas dos antepassados (remotos) me deixa profundamente entusiasmada, sou tomada por toda bizarra manifestação humana e consigo desatar não poucos nós: melancolias, fobias, hesitações sobre a oportunidade de viver o futuro, imotivadas perturbações e também o da ciática. Frequentemente marco sessões fora do horário e de graça, infringindo todas as regras. Sem estar apertando latas nas mãos, é claro.

Não obstante o ardor, em poucos meses amadureço um desconforto cada vez mais intenso acerca dos nomes das coisas: Cientologia, como qualquer seita, se apoia numa perversão, obviamente não casual: o implacável renomear o mundo, os objetos mais cotidianos, os próprios pais.

Isso coloca um limite intransponível entre quem está "dentro" e quem está "fora", entre sábios e ignorantes daquela linguagem reinventada. Coisa, essa, em total desacordo com a minha posição no mundo, que sempre *senti* não ter limites. E o *sentir*, como se sabe, você não muda nem com ameaças.

Nunca mais, garanto para mim, irei pertencer a qualquer seita, religião ou fé que pretenda mudar a maneira como chamo livremente as coisas e queira atribuir à minha pessoa um conhecimento extraordinário.

Sair disso não será fácil. Ainda hoje recebo a revista que tem o propósito de me atualizar sobre o meu ser livre e imortal.

Se à noite me atraso dez minutos para voltar para casa do meu eletrizante trabalho de reestruturação das almas, levanta-se a cortina de Mãe: Mãe fecha a porta de casa "com o ferro". Palavra mais pesada do que realmente representa: uma trava de correr. Aliás, de latão.

A pequena figura de Nonna, com seus noventa anos, Mãe de Mãe, se levanta como um escudo diante de tamanha injúria. Ela surge do indiferenciado como quem *vê*, e seu olhar confere existência àquilo que foi *visto*. Eu, neste caso.

13/XII/86

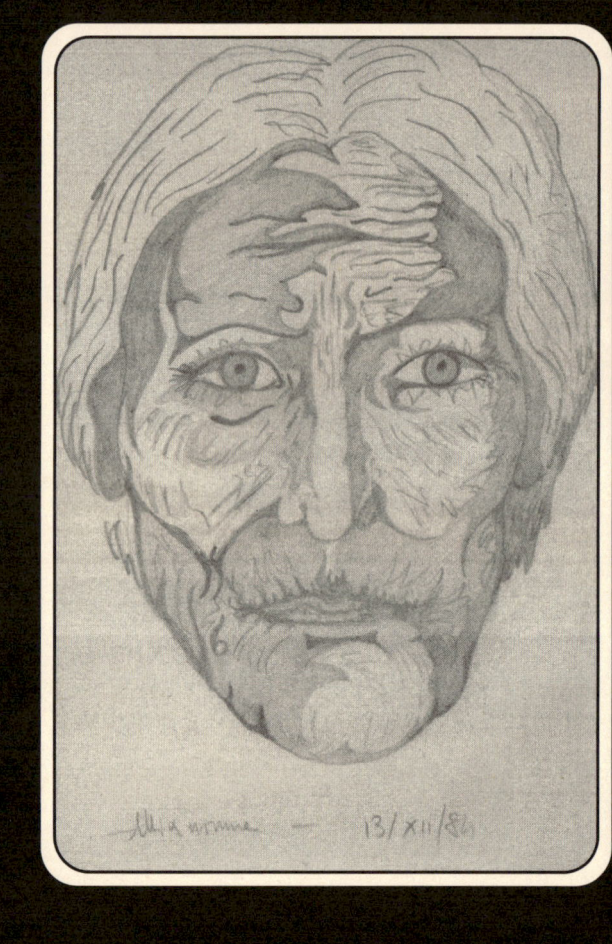

Até então, a existência de Nonna corria firme, neutra e natural como o cair em linha reta das paredes da casa. Nonna era o cheiro de ração cozida, que se crava nos cantos dos quartos e deixa com fome lugares não destinados à fome, era companheira de jogo e meio de satisfação das necessidades vitais. Alimentando os corpos que terão de se chocar, entre eles e com a vida, lançava as bases para um amor: efetivo, concreto, inestimável.

Dada a circunstância de perigoso Desamor emitido por Mãe, Nonna abandona a esquiva máscara cotidiana e se agiganta, agora no semblante de quem muito compreende e perdoa, a Quimera que sacode os cabelos da noite dos tempos, e com eles ofusca os mortais (assim talvez tivesse intenção de agir também Laura, na página 122).

Em suma, embora tenha enveredado há um bom tempo pela vida e tenha pleno direito ao Grande Egoísmo Final do morrer, Nonna resolve encarnar o Arquétipo do amor incondicional, a puríssima ciência da Atenção, sobre a qual as crianças nascidas com sorte fundamentam a inteira existência. *Miracle of love* canta, com razão, Annie Lennox.

No Tempo Alienígena da caçada e do descontentamento, sua figura delgada, que se destacou do invisível onde a minha inconsciência a colocava, veste o traje metafísico do Laço Primário — significando, com essa expressão, o apego que, por doutrina natural, põe remédio à ausência de todos os corpos e de todos os amores, perdidos, quem sabe quando, no estrondo sideral e por entre pálidas *rochas*.[25]

25. [N. T.] No original, *roccie*, em vez do mais correto *rocce*, com referência à grafia usada pelos poetas Dino Campana e Amelia Rosselli em alguns dos seus versos.

A voz que bebe no inabalável, na própria biologia da Casa, diz: "Ràpicci 'a potta! Nènti fici, 'a carùsa! (Abra a porta. A criatura que está batendo não tem culpa)".[26]
É a voz da Casa que não quer ficar trancada, parede de contenção contra o desmoronamento do Desamor, cerclagem da fissura na raiz.
Com menos palavras: essa Mamãe ao quadrado me defende e, assim me defendendo, me salva.

Por tamanha disseminação de mitopoético bem na minha juventude, darei para ela os méritos até o fim dos seus dias, que acontecerá, com um longo trauma, oito anos depois desses eventos.

Mamãe, abra. Mamãe,
deixe-me entrar.
Sinto os golpes das brigas atrás da porta.
Mãe quase sempre ganha.

Quando chove, durmo no hall da entrada.
Quando o tempo está bom, dou uma volta a pé por Roma.

---

26. [N. T.] Em dialeto siciliano, livremente traduzido pela própria autora.

São os anos do Hedonismo Reaganiano, os que apagaram do mundo a terceira dimensão, os anos dos corpos sem quase espessura, nos quais é fácil demais se encontrar.
Nas noites de verão, Roma é cheia de gente extravagante, belíssima e triste. Plumas, xadrezes, cores, botas militares rosa-choque, lamês listrados, cristas. Um Carnaval de gente com os cabelos volumosos, que procura a felicidade e quer se divertir. Entre eles, procuro um lugar para dormir.

Spadino deixa café e croissant do meu lado, deitada nos degraus da fonte da igreja de Santa Maria in Trastevere. Gostaria de dar-lhe o dinheiro. Deixa pra lá, miga, você está pior que eu.

Mãe volta com dois quadros de mar debaixo do braço e se justifica Pareciam com a minha ilha.

Na luz da alvorada, pulo o portão de um prédio desconhecido. O pintor que se ofereceu para me hospedar durante a noite botou a mão onde não devia.

Mãe xeroca meus diários e mostra para as amigas. Acha que são prova de minha devassidão.

Encontro Gabriella na Piazza Navona. Naquela noite, vamos em direção à foz do Tibre, a bordo de uma casa-barco de um dos últimos moradores de rio, um senhor de idade que agora só iça a âncora por simpatia. A rosa ainda fechada do sol sobe por cima dos arbustos desalinhados por pequenas ondas de água verde. Naquela hora do amanhecer a fantasia se alça em cumes infinitesimais. Por isso exclamo, simples e descritiva: Nossa, parece a Amazônia! Gabriella responde, incongruente, Se visse como você está bonita agora, não mudaria mais. Considero com interesse os efeitos alucinógenos da maconha que, como de hábito, felizmente recusei.

Ornella Muti, Francesca, é uma mulher vivaz. Inteligente e, por isso, autoirônica, leva a vida com leveza exemplar e grande dignidade, sem apegos excessivos. Conhece a arte aérea da perda, a de quem "aceita, santo, toda despedida", que Pasolini atribui ao amado Ninetto. Praticamente o oposto da nossa (minha e de Pasolini) danação capitalista de reter — pelo menos sob forma de palavras — o perfume dos evaporados. Assim, por alguns anos, Francesca e eu somos amigas do coração. Entro na sua vida e entre seus afetos, na mansão de Olgiata, em seguida no mundo destrambelhado e vertiginoso que lhe cabe e não se parece com nada que eu conheça. Faço parte do seu time de confiança, irrogada entre a teutônica secretária Dagmar e o mais de casa Vincenzino, fotógrafo. Leio os roteiros que enviam para ela, a sigo no set.

Codice privato [Código privado], de Citto Maselli (a grande mão, significante e branca, que recebe o corpo da abandonada). *'O Re* [O rei], de Luigi Magni (os palheiros cheirosos da grande campanha romana). *A viagem do Capitão Tornado*, de Ettore Scola (o teatro de palco transformado numa floresta de conto de fadas, onde cada um recita em seu próprio idioma. Impossível não lembrar que, no quinto ano do fundamental, tinha rodado de sala em sala batendo os pés estrondosamente, conforme pedia o papel exuberante de Capitão Tornado). *Stasera a casa di Alice* [Hoje à noite na casa da Alice], de Carlo Verdone (o desestabilizado mundo moderno: mezaninos, protopoliamor e tijolos de vidro).

De maquiagens e cenografias que ficaram
na memória, aflora muitas vezes a máscara
melancólica de Massimo Troisi. Sua calma
distraída, o sorriso muito doce e triste de um
homem que sabe, e não se importa com isso.
Quatro anos depois do encontro com seu afetivo e tremebundo Pulcinella, fico sabendo de
sua morte por uma televisão ligada num café
de San Benedetto del Tronto, onde fui retirar
o Prêmio Montale. É o dia 4 de junho de 1994.
Desisto de tomar o café que pedi.

Com o tempo e a experiência do mundo aumenta a pena. Com o tempo e a experiência do mundo vejo que em Mãe não morre somente minha mãe, vejo que o dano não é só meu. Mãe é todo um ser humano independente que morre.

Vejo o tempo precioso da vida de Mãe
desperdiçado
sofrendo por nada. A cada dia, por nada. Esse
ser humano
não deixa de morrer sob os meus olhos. A cada
dia. Por anos. Em muitas
maneiras imprevisíveis.

Vou visitá-la na clínica
sem avisar, porque ela
não me quer. Mãe tem olhos de vidro.
Seus lindos olhos pretos, pra onde foram?

É o corpo, que desiste.
Mamãe, pra onde você foi?

PARA ONDE VAMOS TODOS

A suposta necessidade de uma "política real" e de acordo com a Europa, inaugurada nos anos 1970 pelo Compromisso histórico de Enrico Berlinguer,[27] tem como resultado final a dissolução do Partido Comunista operada por Achille Occhetto, com o apoio de moderados como Massimo D'Alema, Piero Fassino, Walter Veltroni. Obviamente contrários, os líderes históricos do Partido: Giancarlo Pajetta, Pietro Ingrao, Alessandro Natta. Nomes, esses, que transmitem ao presente o orgulho de ideais que se tornaram corpos, jogados na luta com o risco de perdê-los.

Ao invés de continuar a se propor como força revolucionária da igualdade, resistente à queda na indiferença narcísica da nascente realidade

---

27. [N. T.] Histórico expoente do Partido Comunista Italiano, do qual foi secretário-geral de 1972 a 1984, ano de sua morte.

social (a qual não é um ente que prescinde da vontade coletiva), a dobrável e rosada esquerda italiana decide acompanhar o deslizamento do País num futuro que começa a lhe parecer inevitável. Ainda que se possa reconhecer a honestidade das intenções, *essa esquerda* comete o erro fatal de acreditar poder se misturar mantendo sua identidade: de tão entrelaçada às forças alheias, *essa esquerda* acredita conseguir orientar o rio subterrâneo da luta de classes, aprendendo a conhecer de dentro o terreno metamórfico e frequentemente impalpável do neoliberalismo. É como assistir à agonia de um gigante, pois *essa esquerda* não irá adequar aos novos métodos do real seus próprios métodos, deixando intacta a substância ideal, mas irá contaminar — irreparavelmente — sua própria substância ideal.

Enquanto sofremos aquele momento histórico, repenso muitas vezes na ilustração de um livro que muito amei quando criança, *As viagens de Gulliver*. A imagem mostra o grande corpo de Gulliver amarrado pelos minúsculos liliputianos, os habitantes da ilha desconhecida onde ele naufragou. Os liliputianos, briguentos e fratricidas, têm medo desse corpo, demasiado grande e pesado para o tamanho deles.

"Meu marido, Giacomo Calandrone, antes de morrer me pediu para deixar escrito na lápide de seu túmulo uma única palavra: 'comunista'. As autoridades, na época, não me permitiram fazer isso, hoje os companheiros querem apagar essa palavra [...]. Lembro com dor e amargura dos companheiros fuzilados em frente às fábricas, dos trinta e seis sindicalistas massacrados na Sicília, das prisões de Scelba[28] [...]". Assim Mãe na ItaliaRadio, emissora do Partido. É quarta-feira, dia 15 de novembro de 1989.

Dois meses depois, eu faria parte do grande e efêmero corpo da Pantera, movimento universitário de oposição à reforma Ruberti.[29] Iremos ocupar, presidiar, manifestar. Uma gramática política iluminada desde a base, que desaparecerá com a chegada da primavera.

---

28. [N. T.] Mario Scelba, político da Democracia Cristã, ganhou popularidade como ministro do Interior entre os anos 1940 e 1950 pelos métodos repressivos usados em ocasião de protestos e greves.
29. [N. T.] Do nome de Antonio Ruberti, ministro da Pesquisa Científica e Tecnológica entre 1987 e 1989, essa reforma colocava as bases para a participação de capital privado na universidade pública.

Durante seus últimos treze anos Mãe se encasula, com satisfação, numa mina de lembranças, audiolivros e audições radiofônicas onde mora sozinha, inclusive materialmente: após levar alguns meses para se ambientar ao breu repentino da cegueira, Mãe volta para o apartamento para onde tinha se mudado um ano antes, mostrando-se finalmente capaz de autodeterminação.

Com setenta anos, Mãe faz aquilo que ela mesma define como "uma loucura": reivindica o direito à traição primária, ou seja, o direito à emancipação da Mãe e à liberdade. Pune-se imediatamente ficando cega.

Um segundo elemento determina a saudável evasão de Mãe da família: Mãe não aguenta o espetáculo de deterioração de sua própria

Mãe, muito contraditoriamente amada, mas eu me recuso a internar Nonna em um daqueles "lares para idosos cercados pelo verde", como a moderna mania de redefinir os fenômenos desagradáveis da vida, edulcorando seus nomes, denomina aquelas vivendas, localizadas fora dos muros, onde aos velhos só resta empregar noites interminadas farejando a chegada da morte. Corpos já inúteis para a corrida produtiva, expulsos do círculo urbano que contribuíram para construir. Meu amor é vapt-vupt. Eu cuido disso. Incapaz de abandonar. Por motivos evidentes.

Tão próxima e tão longe, Mãe vive no segundo andar do prédio do qual eu saio, de forma intermitente, para frequentar a Universidade enquanto cuido de Nonna, que já está acamada e em permanente perigo de vida. Me transformo numa enfermeira experiente, no terreno desse corpo difícil.

Quase todas as profissões, mas também determinadas paixões, nascem do Acaso (que, como se sabe, nos governa) e se apreendem na fenomênica práxis cotidiana. Mãe decorou sua nova casa com os móveis de dois dos três cômodos da família. O apartamento onde Nonna e eu moramos agora está quase vazio: Mãe deixou apenas o indispensável e o que não cabia no dois quartos e cozinha para onde se mudou.
A nossa casa, tempos atrás mantida com cera para piso Biutiflor, agora está de olhos esbugalhados, com modos desajustados, manca e alheia como o set de um filme pós-apocalíptico. Parece ter passado um furacão, que empobreceu a cara das coisas. Resta nas paredes a mancha clara dos grandes móveis retirados, dominadas agora pelo perfil vazio acinzentado dos quadros. Onde havia a sala de jantar verde-mar, há o eco de um vale de montanha. Ando por essa

síntese emocional, por um esvaziamento em cujo fundo, como o de qualquer perda, transluz e pisca uma possibilidade. Os fatos também, com naturalidade, nos governam.

Essa extravagante necessidade origina em mim, de fato, uma imprescindível inventividade de decoradora de interiores: recupero caixas de fruta, resíduos urbanos, bancos de madeira e, finalmente, objetos e mobília à venda por muito pouco nos centros de recuperação dos toxicodependentes. Acho até uma Remington Ten Forty portátil, a máquina de escrever de viagem de Pai. Lixo, refresco, furo, colo, martelo e pinto de novo. O resultado é o caos de formas e cores que, afinal, sintetizo num estilo. Voltam a ser úteis, agora, as tardes da pré-adolescência, passadas a perfurar tábuas de balsa e lâminas de compensado.

Se a minha casa produz sonoridade de oficina e hospital, a casa de Mãe é, ao contrário, chilreante e canora: Mãe é uma soberba criadora de canarinhos que, graças a seus cuidados, resistem ao Tempo até ficarem decrépitos, mantendo-se, ainda assim, repletos da alegria indecorosa do canto.

A função cegueira constrói ao redor de Mãe
— filamento após filamento — uma casca impenetrável, dentro da qual ela está orgulhosamente em equilíbrio. Claro, seu corpo cede
formalmente à abrasão do Tempo, porém Mãe
sacrifica a visão para não assistir à dor. A dor
da sua mãe, que, adoecendo, abandona; a dor
de um mundo que zomba de todas as suas
utopias; enfim, a dor de não poder receber
com alegria tudo o que é jovem e vivo e jorra,
a um passo de distância do fulgor da concha
em que ela se fechou.

Cegueira é o exoesqueleto que guarda a ternura
de uma mulher que ainda se emociona com o
italiano escorregado, redobrado e perturbado
pelo sotaque espanhol de Julio Iglesias, que,
no rádio, fala em seus ouvidos na escuridão,
como uma vez fazia o seu amor: *Se mi lasci*

non vale, se mi lasci non vale./ Non ti sembra un po' caro/ Il prezzo che adesso/ Io sto per pagare?.[30]

Eu, também mulher de exorbitantes e fidelíssimos amores, paro de desenhar e pintar quadros que Mãe não pode mais ver, enterro-os no porão como traições. Esqueço-os.
Mãe guarda os meus primeiros poemas. Mãe deixa que os leia para ela, de vez em quando. O exergo é de Max Jacob: *Ta balle, mon enfant, était une prière*. Mãe critica duramente. Algumas vezes, sorri. Continuo escrevendo para esse sorriso.

---

30. [N. T.] Na versão portuguesa cantada pelo próprio Iglesias: "Se me deixas não vale, se me deixas não vale./ Se me deixas bem caro/ É o preço que agora eu devo pagar".

Nos últimos anos de Mãe há também inúmeras internações. Há uma cirurgia, precedida por longuíssimos telefonemas cheios de drama: Mãe não gostaria de ser operada, pois afirma não sentir mais um interesse real pela vida. Mãe acha suficientes os setenta e nove anos vividos. Mãe diz que não é decente estender muito as coisas, diz É preciso saber ir embora. Quando acorda da anestesia, ri falando de Berlusconi e da Ordem da Jarreteira. Nonna morreu dois anos antes, ficamos *nós duas*. Mãe passou pela cirurgia para não me deixar sozinha.

Cinco anos depois, tem um telefonema que chega com uma pronúncia incompreensível, pelo qual decifro que Mãe está no chão e não pode se levantar. Tem meu companheiro (e futuro pai dos meus dois filhos) que desce para casa de Mãe pela sacada do andar de cima. E tem Mãe que, na luz de aquário do Pronto Socorro do hospital San Giovanni, se esforça para lembrar os números telefônicos. Mamãe, você quer o quê? Eu não me lembro de nenhum número. Maria Grazia, você nunca teve memória.

Mãe que esperançosa diz Ela morreu? quando simulo um desmaio na frente dos policiais. Mãe perde pequenas gotas de sangue. Não pode vê--las e acha, aliás, que eu a esteja enganando para roubá-la em casa, enquanto estiver internada. Mãe pede proteção para Enrico, um voluntário da União Italiana dos Cegos que mora bem perto e, uma vez por semana, se alternando comigo, a acompanha até o mercado. Mãe refugiou-se na casa de Enrico. As forças policiais foram chamadas pelos pais do rapaz, a fim de me expulsar de sua propriedade particular. Rebato É minha mãe, não vou deixá-la aqui. Entendendo com isso: na sua propriedade particular de merda (que fique claro, desprezo sem fim) tem a ilha abandonada de um corpo humano que coloco sob a minha jurisdição moral, porque aquela que o governa e habita, no momento, não tem condição de decidir o que é melhor para ela.

É minha Mãe. Estou pouco me lixando para a lei de vocês. O policial diz A Senhora pode fazer o que bem quiser. Acabo com isso e me jogo no chão.

Mãe que na ambulância é somente um corpo que aperta o coração, inofensiva como um passarinho. Senhora, agora fique tranquila, tudo bem?

Em 2000 tem um Doutor (laialaialaialaia
la) que me quer denunciar
porque Mãe, para fugir de mim
avança tateando no branco (para ela preto) do
corredor com a bolsa debaixo do braço, gritando que não me entregará *nunca* as chaves
de casa porque eu a roubaria, com a desculpa
de pegar uma muda de roupa para ela nas
gavetas da cômoda.
Tem eu que paro ao lado da grande porta de
vidro, para gravar para sempre na mente essa
cena de desperdício
na qual só sei pensar Mamãe, não.

Tem um segundo Doutor, que me diz já ter visto
muitas como eu e que não conseguirei abandonar Mãe em sua unidade. Tem eu que bato
a porta do seu consultório na cara do Doutor.
A plaquinha com seu *cursus honorum* oscila.

Tem o laudo de um psiquiatra do Hospital que atribui finalmente um nome à dilapidação grande de Mãe, ao deslocamento de placas geológicas de dor que, nos momentos críticos, há vinte e cinco anos a agita, para protegê-la dos insultos da realidade. Tem eu que preciso me apoiar na parede por muitos minutos, nos subterrâneos do hospital San Giovanni, porque então a culpa não era minha. Ofender-me te salva da dor. Então consegui, Mamãe. Sou o teu escudo.

Em julho de 2000 tem uma viagem que faço sozinha para Newbridge (Kildare, Irlanda) para o *Gerald Manley Hopkins Literary Festival*. Não sei ainda que estou esperando o primeiro filho. Todavia, um desejo incomum de laranjas me faz suspeitar. Além de uma insólita facilidade de chorar. Na Irlanda, laranjas e lágrimas não são habituais, são substituídas por cerveja e cantoria. E por intermináveis passeios sob o sol, para chegar até as residências espalhadas pelo campo vivo.

Tem eu que falo ao telefone com Mãe, enquanto permaneço prudentemente sentada na poltrona de uma casa cheia de luz e vento do Norte. Decidi não rejeitar o majestoso prato de ovo com bacon que me ofereceram ao acordar. Mãe gosta muito de viajar e quer que eu relate tudo aquilo que vejo ao meu redor. A varanda inundada pelo sol. As cores limadas pelo vento. As arestas limpas das coisas: a mesa de madeira branca laqueada, o esmalte das chaleiras, o tecido seco dos guardanapos. Os feixes. O verde jamais visto de uma grama brilhante como o mar.

Também os parentes que em agosto rodeiam a cama de Mãe jamais foram vistos antes. Mãe está de novo internada. A idade biológica do corpo de Mãe é décadas inferior à idade civil, e esse dom, do qual ela sempre muito se orgulhou, em tal circunstância se inverte para o mal: a doença tira força da força do organismo de Mãe e progride com uma velocidade inesperada. Esses parentes têm pressa, rodam em círculos sempre mais apertados. O mais jovem quer que ela lhe compre um caminhão. Uma outra quer abrir um quiosque à beira-mar. Eles estão munidos de mortificantes lisonjas. Depois passe para tomar a granita de amora. Essas palavras, humilhantes para a integérrima inteligência de Mãe, me fazem conhecer o ódio. Mãe, ao contrário, se diverte. Mãe diz Vou botá-los para dançar. Mãe sempre gostou de fazer surpresas. Como quando fingia ter se esquecido do meu aniversário. Uma festa inesperada é maior. E assim uma recusa. Dado que Mãe os hospeda em sua casa, Esses parentes conseguem por enquanto levar metade das lembranças da minha infância, incluindo a pulseira de placas que Mamãe sempre usava e que ficou gravada na foto do jornal. Esses parentes me dizem *Cu si' ttu? Tu si' 'na szrana*.[31] Querem enfim me revelar que, como filha adotiva, trata-se tecnicamente de uma estranha. Tiro os espinhos da carne viva sem dor. Tenho consciência de esperar um filho. Protejo-o. O corpo admirável de Mãe resiste. Ninguém sabe por quanto tempo ainda. Dias? Horas? Nunca sabemos nada. Estamos dentro de um mistério. Pior do que isso: somos criaturas desconhecidas que flutuam fascinadas no mistério. Somos esse medo, esse cansaço e esse desejo de compreender e não deixar nada sem tentar. Somos a vontade de não ter saudades e uma terrível simplicidade. Mamãe. Você vê alguma coisa? Você vê a fuselagem de todo esse amor e da dor humana fincada no Nada?

---

31. [N. T.] Em dialeto siciliano: "Quem é você? Você é uma estranha".

Tão longe que parece que sonhei com ela
a voz de Mamãe diz Te acompanhei o suficiente.

10 de junho

Ela que parece sonhada

Mamãe voltou.
Subiu ao longo do abismo
para um adeus
antes de ir
realmente, se o real
é real. Com que doçura
diz Estou morrendo.
Não, Mamãe, você não vai não.
Mamãe viu algo que ela não conhece.
Mamãe, eu estou aqui.
Mamãe, você ouve o fim do verão?
Em breve chega a uva que você gosta.
Mamãe, eu me lembro
de tudo. Mamãe, me dê a sua mão, eu estou aqui.
Sou a mesma de antes.
Ainda aqui, marcando seu limite, como
      quando estávamos sem limites.
Mamãe, está tão cansada.
Pode ir, mamãe.
Mamãe, te deixo no fogo com meu presente
sem valor, um papel enrolado
entre as suas lindas mãos.

Mamãe, eu te acompanho além das chamas.

As palavras não servem para nada.
Temos apenas o tempo da vida, mamãe.
                              Nada mais.
Posso ficar aqui do seu lado?

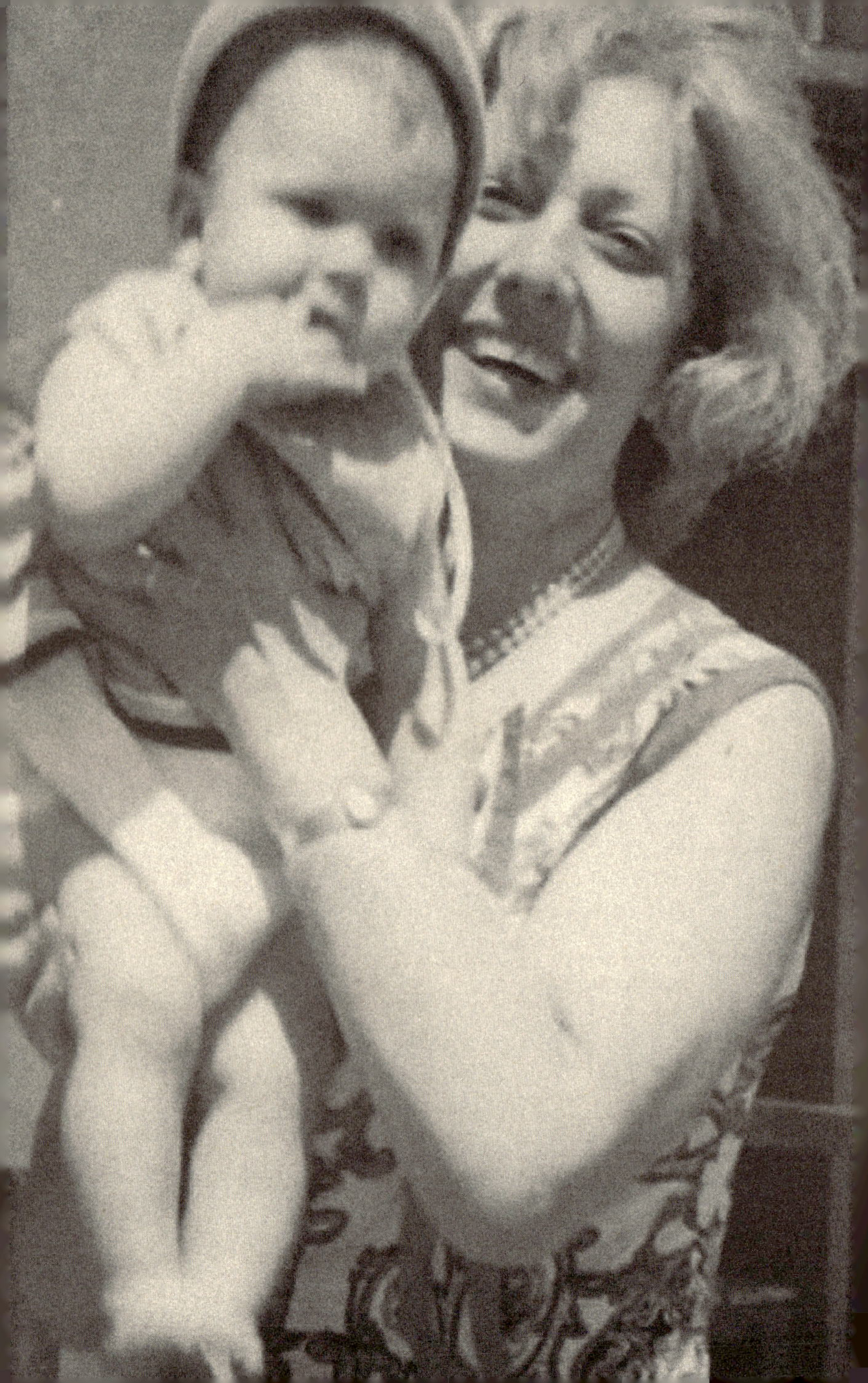

Brilha assim, a vida, brilha como vida. Às
vezes brilha quieta
como teu corpo abandonado ao sono. Às vezes
reluz como o lampejo do sorriso.
Mas a terra não brilha, as cinzas
não brilham.

É certo, Mamãe, não sabemos nada
e só somos corpo e não estamos
mais em lugar nenhum, depois, provavelmente

e esse precipício de palavras
não é bom nem para refazer
uma molécula sequer do seu sorriso.

Estava vivo, seu corpo, e pra ele eu olhava
como se olha a casa
estendida na luz do pôr-do-sol e a colina
pra onde estamos voltando.

Me esforçava para te alcançar, no fim. Você
era vida acessível, vida obrigada e vida que
fui obrigada
a deixar ir. Adeus, Mamãe. Adeus,
      professora.

Sem defesas, você volta
vida que brilha.
Sem defesas, você brilha como vida.

Vida
abandonada.
Vida
de todos.
Vida que volta,

para todos.

NOTA

Este livro se escreveu sozinho em pleno junho de 2020.
Toda a minha gratidão à amiga de uma vida, Sonia Bergamasco, que repetidamente me encorajou para não ser "reticente"; a Andrea Cortellessa, Giovanna Rosadini, Andrea Minello e Silvia Bre por me terem orientado: antes, durante e depois dessa viagem escrita rumo ao desconhecido que é a nossa vida.
Sem vocês, seria menos feliz.

Roma, 25 de junho de 2020

SOBRE A AUTORA

Maria Grazia Calandrone nasceu em Milão em 1964 e mora em Roma. É escritora, poeta, dramaturga e artista visual; também jornalista. Entre outras atividades, apresenta programas culturais na Rai Radio3 e colabora com o *Corriere della Sera*. Ao longo de mais de 25 anos de escrita, suas muitas publicações ganharam prêmios importantes na Itália e estão traduzidas para várias línguas. Em 2021, *Brilha como vida* é indicada ao prestigiado prêmio Strega de literatura italiana. Calandrone ainda mantém laboratórios de poesia em escolas públicas, presídios e com imigrantes. É possível acompanhar seus trabalhos em **mariagraziacalandrone.it**.

© Adriano Salani Editore s.u.r.l. – Milano, 2021
© Relicário Edições, 2022

Dados Internacionais de Catalogação na Publicação (CIP) de acordo com ISBD

C142b
Calandrone, Maria Grazia

Brilha como vida / Maria Grazia Calandrone ; traduzido por Patricia Peterle, Andrea Santurbano. - Belo Horizonte : Relicário, 2022.
224 p. ; 13cm x 19cm.

Tradução de: *Splendi come vita*
ISBN: 978-65-89889-37-3

1. Autobiografia. 2. Ensaio. 3. Literatura italiana. I. Peterle, Patricia. II. Santurbano, Andrea. III. Título.

2022-1794   CDD 920   CDU 929

Coordenação editorial: Maíra Nassif
Editor-assistente: Thiago Landi
Preparação: Laura Torres
Capa, projeto gráfico e diagramação: Tamires Mazzo
Fotografia da capa: Arquivo pessoal Maria Grazia Calandrone
Revisão de provas: Thiago Landi

Questo libro è stato tradotto grazie a un contributo per la traduzione assegnato dal Ministero degli Affari Esteri e della Cooperazione Internazionale italiano.

Este livro foi traduzido graças a uma contribuição para a tradução atribuída pelo Ministério das Relações Exteriores e Cooperação Internacional da Itália.

RELICÁRIO EDIÇÕES
Rua Machado, 155, casa 1, Colégio Batista | Belo Horizonte, MG, 31110-080
contato@relicarioedicoes.com | www.relicarioedicoes.com
@relicarioedicoes / relicario.edicoes

1ª EDIÇÃO [INVERNO DE 2022]
ESTA OBRA FOI COMPOSTA EM
TIMES NEW ROMAN E ACUMIN VARIABLE E
IMPRESSA EM PAPEL PÓLEN BOLD 90 G/M²
PARA A RELICÁRIO EDIÇÕES.